Selbstbehauptung und Selbstverteidigung

Sportiv
Them

von
Udo Reichmann

Ernst Klett Schulbuchverlag Leipzig
Leipzig Stuttgart Düsseldorf

Sportiv
Thema

Quellenverzeichnis:

Dreher, E. / Tröndle, H.: Kommentar zum Strafgesetzbuch, München 1971.
Hall, E. T.: Die Sprache des Raumes, Düsseldorf 1976.
Kliebisch, U.: Das Anti-Stress-Programm, Ein Trainingsbuch zur psychologischen Selbst-Hilfe, Essen 1995.
Polizeidirektion Hannover (Hrsg.), Beauftragte für Vorbeugende Kriminalitätsbekämpfung: Studie der Polizei Hannover zum Gegenwehrverhalten bei Sexualstraftaten für die Jahre 1991 bis 1994, Hannover 1996.
Polizeipräsidium Bielefeld (Hrsg.), unter Mitwirkung von Lütgert, H. / Eckert, E. / Rösler, L.: Ein Präventionsprojekt des Polizeipräsidiums in Bielefeld, Bielefeld 1990.
Weiss, K.: Die Vergewaltigung und ihre Opfer, Stuttgart 1982.
Wiebke, S.: Gewalt von Männern gegenüber Frauen, Befunde und Vorschläge zum polizeilichen Umgang mit weiblichen Opfern von Gewalttaten, München 1987.

Gedruckt auf Recyclingpapier, hergestellt aus 100 % Altpapier.

1. Auflage

1 5 4 3 2 1 | 2000 99 98 97 96

Alle Drucke dieser Auflage können im Unterricht nebeneinander benutzt werden, sie sind untereinander unverändert. Die letzte Zahl bezeichnet das Jahr dieses Druckes.
Dieses Werk folgt der reformierten Rechtschreibung und Zeichensetzung.

Reproduktion und Grafik: Ernst Klett Schulbuchverlag Leipzig GmbH, Leipzig

Fotos: Udo M. Reichmann

Layout: Wolfram Fritz

Druck: Druckhaus Götz, Ludwigsburg

ISBN 3-12-031511-7

Inhaltsverzeichnis

1 Konzeption

Vorwort

Jährlich werden in der Bundesrepublik über 10 000 Sexualdelikte an Frauen und Mädchen verübt, wie die Statistiken des Bundeskriminalamtes belegen. Eine erschreckend hohe Zahl angesichts der Tatsache, dass nach offiziellen Schätzungen etwa nur jede 10. bis 20. Straftat zur Anzeige kommt.

Die Opfer sind meist junge Frauen, die unter den traumatischen Erlebnissen des Gewaltverbrechens ein Leben lang zu leiden haben.

Folgende Vorüberlegungen sind grundlegend für die Gesamtkonzeption des Kurses zur Selbstbehauptung und Selbstverteidigung für Frauen und Mädchen:

1. Selbstbehauptung und Selbstverteidigung in der Schule müssen eingebettet sein in eine Erziehung, die Gewalt sowohl gegen Sachen wie auch gegen Menschen ablehnt, ja verabscheut und dies bei Übergriffen deutlich zum Ausdruck bringt. Als fächerübergreifendes immanentes Lernziel gerät eine »Anti-Gewalt-Erziehung« an der Schule aber nicht selten in den Sog allgemein gehaltener Verhaltens- und Erziehungsziele.
2. Auf Grund der für das Opfer traumatischen Auswirkungen eines sexuellen Übergriffs – Vergewaltigung ist Mord an der Seele – sollte das Thema »Sexuelle Gewalt« Gegenstand eigenständiger Unterrichts- und Erziehungsarbeit sein.
3. Die Tatsache, dass als Tatmotiv bei den Sexualdelikten »Vergewaltigung« und »sexuelle Nötigung« nicht die Sexualität, sondern die Gewalt im Vordergrund steht, benötigt besondere Beachtung, denn sexuelle Gewalt ist keine Abart der Sexualität, sondern eine andere Form von Gewalt.
4. Da diese Gewalt fast ausschließlich von Männern verübt wird, sollte eine »Anti-Gewalt-Erziehung« die alters- und geschlechtsspezifischen Implikationen berücksichtigen.
5. Sexuelle Übergriffe verfolgen in den meisten Fällen das Ziel, den Mitmenschen zur Stärkung des eigenen, schwächeren Egos zu unterdrücken und zu demütigen. Der Erziehungsarbeit kommt hier eine doppelte Funktion zu: zum einen ist es notwendig, präventiv die beiden betroffenen Parteien anzuleiten, sexuelle Gewalt zu ächten, zum anderen ihnen Mittel aufzuzeigen, wie sie Gewaltsituationen und Gefahrenquellen frühzeitig erkennen und überwinden können.
6. Der Schwerpunkt der vorliegenden Arbeit muss den wichtigen Bereich der Ursachen männlicher Gewalt und ihr pädagogisch-didaktisches Entgegenwirken ausklammern. Aus dem Blickwinkel der potentiellen Opfer, der Frauen und Mädchen, will sie Möglichkeiten aufzeigen, wie sie sich vor sexuellen Übergriffen schützen und ihnen entgegenwirken können.

Konzeption

Der vorliegende Kurs richtet sich an Kolleginnen und Kollegen, die in Vereinen oder an der Schule, im Sportunterricht, in Arbeitsgemeinschaften, an Projekttagen oder als themenbezogene Freizeitveranstaltungen eine Unterrichtsreihe zum Thema »Selbstbehauptung und Selbstverteidigung« durchführen wollen.

Es empfiehlt sich, ein so schwieriges und persönliches Thema mit den Eltern der Schülerinnen und der Schulleitung abzusprechen und sie in die Erziehungsarbeit mit einzubinden.

Ausgehend von den Vorüberlegungen ist dieser Kurs für Frauen und Mädchen ab 13 Jahre konzipiert, da die Beschäftigung mit dem Thema »Sexuelle Gewalt« vor allem auch auf der Stufe einer gedanklich-sprachlichen Auseinandersetzung erfolgen muss, welche die Bedeutung der Täter-Opfer-Beziehung hervorhebt.

Bei der Durchführung eines Selbstverteidigungskurses in der Schule sind besonders die rechtlichen und pädagogischen Implikationen zu beachten.

Rechtliche Implikationen:

1. Die Auseinandersetzung mit dem Notwehrparagraphen § 32 StGB und § 33 StGB zur Überschreitung der Notwehr.
2. Die Vermittlung von Selbstverteidigungstechniken kann die Gewaltbereitschaft der Schülerinnen erhöhen und beinhaltet die Gefahr der unsachgemäßen Anwendung der Techniken.

Pädagogische Implikationen:

1. Die Behandlung des Themas »Sexuelle Gewalt« verlangt die pädagogische Auseinandersetzung mit der Täter-Opfer-Beziehung unter Berücksichtigung präventiver Maßnahmen und einer angemessenen Reaktion auf einen sexuellen Übergriff.
2. Ein Mittelweg zwischen »Vermittlung aller Verteidigungstechniken« und der »Missbrauchsgefahr« muss gefunden werden. Dieser ist abhängig von den Einstellungen und Haltungen der Schülerinnen.

Didaktisch-methodische Schwerpunkte:

1. Bedingungsgefüge sexueller Gewalt
   - Referate, Einsatz von Kopiervorlagen, Diskussionen
   - Fächerübergreifende Auseinandersetzung mit dem Thema
2. Prävention als effektivste Form von Selbstverteidigung
   - Wie können Gefahrensituationen vermieden werden?
   - Wie kann drohende sexuelle Gewalt antizipiert werden?
3. Förderung von Selbstvertrauen, -behauptung, -bewusstsein
   - Partnerübungen, Rollenspiele, Spielszenen mit anschließender Diskussion und Auswertung
   - Erprobung der revidierten Form zur Stärkung der Persönlichkeit
4. Angemessene und realistische Selbstverteidigung
   - Einzel- und Partnerübungen unter Einsatz von Hilfsmitteln
   - Immanentes Lernziel: unsachgemäße Anwendung der Techniken unterbinden
5. Kenntnis der Gesetzeslage und der Rechtssprechung

Lernziele:

1. Einsichten in die »Täter-Opfer-Beziehung« gewinnen
2. Selbstbewusstsein, -behauptung und -vertrauen fördern
3. Kenntnisse erlangen über die Prävention und Antizipation von Gewaltsituationen
4. Strategien und Techniken zur Abwehr von Gewalt lernen
5. Auseinandersetzung mit dem Thema »Gewalt« und Verantwortung im Umgang mit ihr übernehmen
6. Rechtssprechung zum Thema »Sexuelle Gewalt« kennen lernen

2.1 Sexuelle Gewalt gegen Frauen und Mädchen

Männliche Vorurteile

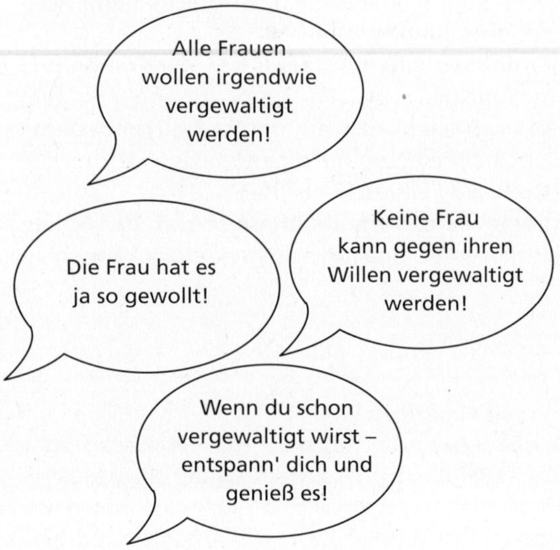

Umfrage

Die Hälfte aller befragten Männer stimmte zu, auf Frauen sexuellen Druck ausüben zu können, wenn:

- Geld für sie ausgegeben wurde
- sie angeblich bereits mit anderen Männern zusammen war
- die Auffassung vertreten wurde: wir gehen fest miteinander
- die Frau ihr Einverständnis zu sexuellen Handlungen plötzlich zurücknimmt
- man so erregt ist, dass man »sich nicht mehr beherrschen kann«

Untersuchungsergebnisse der Viktimologen und Kriminologen

Die folgenden Untersuchungsergebnisse sprechen eine deutliche Sprache. Mit ihnen kann im theoretischen Teil des Kurses das Erscheinungsbild sexueller Gewalt in unserer Gesellschaft dargestellt und erörtert werden.
Die Zahlen verbergen jedoch das tatsächliche Gewaltaufkommen, da die vorliegenden Ergebnisse nur solche Fälle widerspiegeln, die durch die polizeilichen Ermittlungen erfasst wurden. Vorsichtigen Schätzungen zufolge liegt die Zahl der tatsächlich begangenen Sexualstraftaten im Bereich der »Vergewaltigung« und »Sexuellen Nötigung« um ein zehn- bis zwanzigfaches höher.
Die Untersuchungen der Polizei belegen, dass Gegenwehr die meisten Täter in die Flucht schlägt. Gezielte Gegenwehr ist so erfolgreich, weil eine Frau, die sich wehrt, ob verbal oder durch Tritte und Schläge, sich der ihr zugedachten Opfer-Rolle entzieht.
70 % aller Täter sexueller Übergriffe haben das primäre Ziel, Macht zu demonstrieren und Macht auszuüben. Opfer dieser Übergriffe sind die vermeintlich schwächeren Frauen. Der Täter verfolgt das Ziel, sein eigenes, schwächeres Ego aufzuwerten, um seinen Status zu erhöhen (sog. Statussexualität). Die durch die Erziehung und die Gesellschaft vermittelte, oft tief verankerte Haltung von Frauen, sich passiv zu verhalten und nicht bei ersten Anzeichen deutlich nein zu sagen, kann sich verhängnisvoll auswirken, denn Vergewaltigung ist häufig nicht der überraschende Überfall, der sich spätabends im Park ereignet. Unter den angezeigten Verbrechen kannte jedes zweite Opfer seinen Täter und es finden 50 % aller Vergewaltigungen in geschlossenen Räumen statt.
Die Untersuchungen der Polizei bestätigen, dass es keine Patentrezepte gibt, aber in den 70 % aller Fälle, in denen es zu einem Abbruch der Straftat kam, haben die Frauen Gegenwehr geleistet. Die Gegenwehr ist um so erfolgreicher, je früher sie erfolgen kann, durch eine selbstbewusste Haltung, den entschlossenen Blick in den Augen, indem sie ihre Stimme einsetzen durch Schreien und Brüllen, Reden und Argumentieren.
Die Palette der Möglichkeiten ist ebenso groß, wie die untersuchten Fälle sexueller Übergriffe und deren Abbruch durch Gegenwehr unterschiedlich sind. Diese reichen von einer selbstbewussten Körperhaltung, Gestik und Mimik bis hin zu gezielt eingesetzten Tritten und Fauststößen sowie dem

Ursachen sexueller Gewalt

Das Hauptmotiv der Täter gründet in der **»Statussexualität«** (Macht demonstrieren und ausüben).

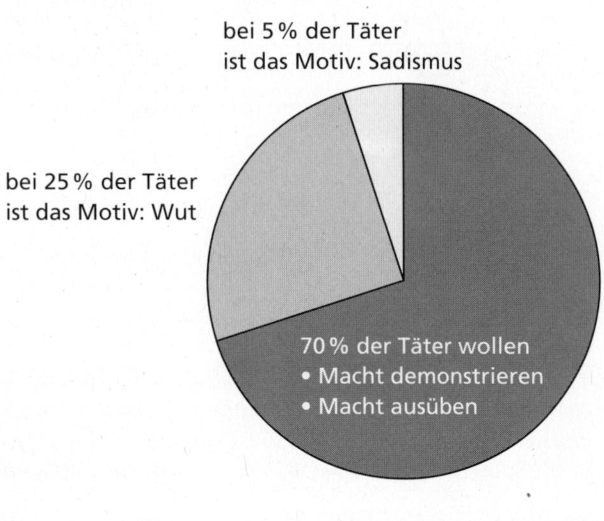

Ergebnis:

- Die Täter können nicht mit der eigenen Sexualität und den eigenen Aggressionen umgehen.
- Die Täter sind meist schüchtern und eher introvertiert.
- Die Täter versuchen, mit der Tat ihr männliches Ego aufzuwerten und ihren Status zu erhöhen.

Sexuelle Gewalt ist hauptsächlich ein Versuch, sich Geltung zu verschaffen und Macht auszuüben. Mittel zum Zweck der Machtdemonstration ist die Sexualität des Täters.

Einsatz einfacher Selbstverteidigungs-Utensilien wie Regenschirm, Schlüsselbund oder Handtasche.
Um dem Teufelskreis aus Passivität und Opferrolle zu entfliehen, sollen die Schülerinnen in den Übungs- und Spielformen lernen, eine entschiedene Haltung angesichts einer möglichen Bedrohung einzunehmen. Die Flucht nach vorn, aus der Opferrolle heraus, um dadurch dem Täter die Antriebsfeder zu entziehen und ihn an seinem Schwachpunkt, der eigenen Minderwertigkeit anzugehen, ist das eigentliche Ziel. Die Fähigkeit zur Gegenwehr hängt nicht zuletzt von der Entschlossenheit zur Selbstbehauptung ab, einer inneren Einstellung, die die Schülerinnen befähigen soll, deutlich ihre Wünsche auszudrücken und durchzusetzen.
Diese entschlossene innere und äußere Haltung können die Schülerinnen auf dem Weg über die unterschiedlichsten Übungs- und Spielformen lernen, indem sie den entschlossenen Blickkontakt üben, ihre Gefühle und Meinungen selbstbewusst ausdrücken sowie ihre Wünsche artikulieren und durchsetzen. Die Übungen sind Hilfsmittel, jene Haltung und Entschlossenheit auszuprobieren, zu üben und zu trainieren.

Forschungsergebnisse:
- Nur jede **10. bis 20. Tat** wird zur Anzeige gebracht.
- **20–40 %** der angezeigten Fälle führten zur Verurteilung.
- **71 %** der Delikte sind geplant.
- **70 %** der Täter kennen ihre Opfer.
- Über **50 %** der Delikte erfolgen in Wohnungen oder geschlossenen Räumen.

	Bundesrepublik Deutschland 1995	*Bundesland (z. B. Rheinland-Pfalz, 1995)*	*Kriminalinspektion (z. B. Bad Kreuznach, 1995)*	*Stadt*
Sexualstraftaten	*43 492*	*2 491*	*114*	*59*
Vergewaltigungen	*6 224*	*297*	*21*	*13*
Sexuelle Nötigung	*5 331*	*279*	*9*	*7*

Gegenwehrverhalten bei Sexualstraftaten

(Studie der Polizeidirektion Hannover von 1991 bis 1994)

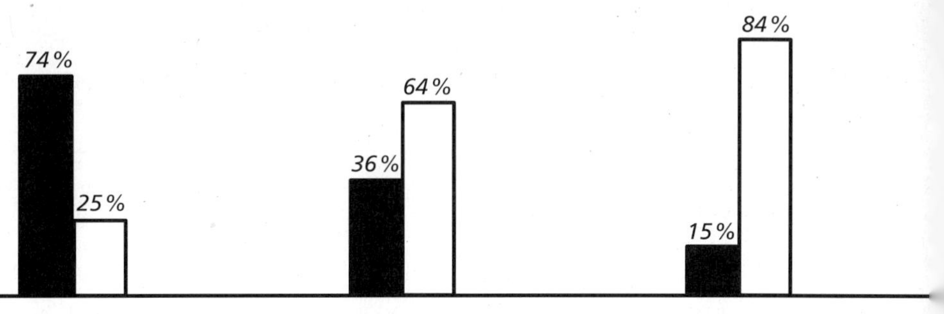

Keine Gegenwehr durch die Opfer bei 33 % aller Sexualstraftaten

Leichte Gegenwehr durch die Opfer bei 40 % aller Sexualstraftaten

Massive Gegenwehr durch die Opfer bei 27 % aller Sexualstraftaten

■ Anteil der vollendeten Vergewaltigungen

□ Anteil der abgebrochenen Straftaten

Ergebnis:
- Mit dem Grad der Erregung verstärkt sich die Aggressionsbereitschaft des Täters im Verhältnis zum Widerstand des Opfers, sog. »Sexueller Erregerkreis«.
- Maximen der Vorbeugung:
  - **»Verteidige dich und du kommst besser weg!«**
  - **»Verteidige dich – je früher, desto besser!«**

Das Landeskriminalamt Bremen informiert...

Frauen bei Nacht – gebt acht!

Im Jahre 1979 wurde jeden zweiten Tag eine Frau vergewaltigt. Keine Polizei der Welt kann für absolute Sicherheit garantieren. Deshalb bitten wir, dass Sie sich selber schützen und uns bei der Aufklärung helfen.

Bitte beantworten Sie sich selbst einmal folgende Fragen:	Ja	Nein
1. Kennen Sie den Mann, der Sie begleitet und zu dem Sie ins Auto steigen?	◯	◯
2. Kennen Sie den Mann, der Sie nach Hause bringt oder von dem Sie sich in ein anderes Lokal oder dessen Wohnung einladen lassen?	◯	◯
3. Wissen Sie, wie dieser Mann heißt und wo er wohnt?	◯	◯
4. Vermeiden Sie bei Nacht dunkle unübersichtliche Wege?	◯	◯
5. Wissen Sie, mit wem sich Ihre Tochter trifft und mit wem sie ausgeht?	◯	◯
6. Kleiden und verhalten Sie und Ihre Tochter sich so, dass sich kein Mann »eingeladen« fühlt?	◯	◯
7. Haben Sie schon einmal daran gedacht, sich durch Selbstverteidigung oder durch Anwendung geeigneter technischer Mittel zu schützen?	◯	◯

Wenn alle Fragen von Ihnen mit ⊗ Ja beantwortet wurden, dann kann man nur gratulieren und sagen: **Gefahr erkannt – Gefahr (fast) gebannt!** Geraten Sie aber doch in Bedrängnis: Kühlen Kopf bewahren!

Wenn Sie dem Angreifer überlegen sind: ☞ leisten Sie Widerstand und schreien Sie laut um Hilfe!

Wenn Sie unterlegen sind: ☞ versuchen Sie, den Täter durch Einladung (nicht drohen!) zu überlisten ☞ oder lenken Sie ihn durch ein lautes Gebet ab!

Persönliche Merkmale des Täters sollten Sie sich merken und der Polizei mitteilen. Sie helfen uns und schützen sich.

Vielen Dank!

Landeskriminalamt Bremen

Ratschläge für die Frau?

Gehen Sie nicht unbekleidet aus – das regt Männer an.

Gehen Sie nicht bekleidet aus – irgendwelche Kleidungsstücke regen Männer immer an.

Gehen Sie abends nicht allein aus – das regt Männer an.

Gehen Sie niemals allein aus – irgendwelche Situationen regen Männer immer an.

Gehen Sie nicht mit einer Freundin aus – einige Männer werden durch die Mehrzahl angeregt.

Gehen Sie nicht mit einem Freund aus – einige Freunde können auch vergewaltigen, oder Sie treffen einen Vergewaltiger, der erst Ihren Freund angreift und dann Sie.

Bleiben Sie nicht zu Hause – Eindringlinge und Verwandte sind potentielle Täter.

Seien Sie niemals Kind – einige Täter werden durch die ganz Kleinen gereizt.

Seien Sie nie alt – einige Vergewaltiger stürzen sich auf alte Frauen.

VERZICHTEN SIE AUF NACHBARN – DIE VERGEWALTIGEN HÄUFIGER FRAUEN.

Verzichten Sie auf Vater, Großvater, Onkel oder Bruder – das sind Verwandte, die junge Frauen am häufigsten vergewaltigen.

Heiraten Sie nicht – Vergewaltigung in der Ehe ist legal.

Um sicher zu gehen – verzichten Sie ganz auf Ihre Existenz.

Bush 1977, in: Weis 1982

Typisch Frau – Typisch Mann

Kennzeichne mit einem Kreuz jene Eigenschaften, die deiner Meinung nach eher zu einer Frau oder eher zu einem Mann passen. Auf der Werteskala von **1** bis **6** bedeutet **1** ein hohes Maß an Zustimmung, **6** hingegen, dass diese Eigenschaft völlig untypisch für Frauen oder Männer ist.

	bei Frauen:						bei Männern:					
tatkräftig	**1**	**2**	**3**	**4**	**5**	**6**	**1**	**2**	**3**	**4**	**5**	**6**
höflich	**1**	**2**	**3**	**4**	**5**	**6**	**1**	**2**	**3**	**4**	**5**	**6**
energisch	**1**	**2**	**3**	**4**	**5**	**6**	**1**	**2**	**3**	**4**	**5**	**6**
ängstlich	**1**	**2**	**3**	**4**	**5**	**6**	**1**	**2**	**3**	**4**	**5**	**6**
neugierig	**1**	**2**	**3**	**4**	**5**	**6**	**1**	**2**	**3**	**4**	**5**	**6**
abenteuerlustig	**1**	**2**	**3**	**4**	**5**	**6**	**1**	**2**	**3**	**4**	**5**	**6**
stark	**1**	**2**	**3**	**4**	**5**	**6**	**1**	**2**	**3**	**4**	**5**	**6**
schüchtern	**1**	**2**	**3**	**4**	**5**	**6**	**1**	**2**	**3**	**4**	**5**	**6**
zielstrebig	**1**	**2**	**3**	**4**	**5**	**6**	**1**	**2**	**3**	**4**	**5**	**6**
lieb	**1**	**2**	**3**	**4**	**5**	**6**	**1**	**2**	**3**	**4**	**5**	**6**
lustig	**1**	**2**	**3**	**4**	**5**	**6**	**1**	**2**	**3**	**4**	**5**	**6**
schön	**1**	**2**	**3**	**4**	**5**	**6**	**1**	**2**	**3**	**4**	**5**	**6**
schwach	**1**	**2**	**3**	**4**	**5**	**6**	**1**	**2**	**3**	**4**	**5**	**6**
frech	**1**	**2**	**3**	**4**	**5**	**6**	**1**	**2**	**3**	**4**	**5**	**6**
mutig	**1**	**2**	**3**	**4**	**5**	**6**	**1**	**2**	**3**	**4**	**5**	**6**

Auszüge aus der polizeilichen Kriminalstatistik 1994 (Teil I)

Registrierte Kriminalität 1994:

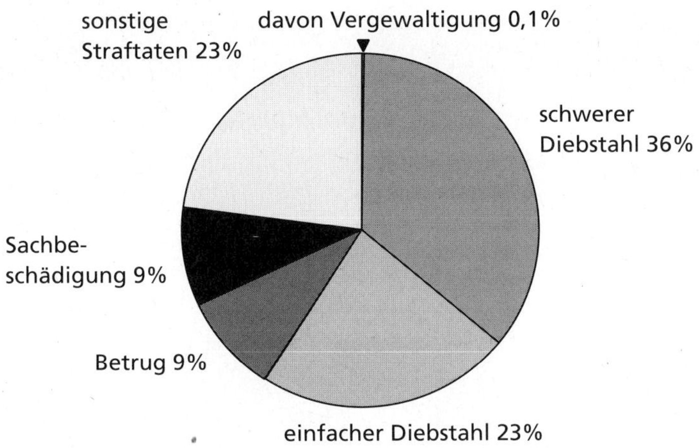

Straftaten insgesamt:	6 537 748	erfasste Fälle
– davon gegen die sexuelle Selbstbestimmung:	45 339	erfasste Fälle
– davon Vergewaltigungen:	6 095	erfasste Fälle

Opfergefährdungszahl 1994:

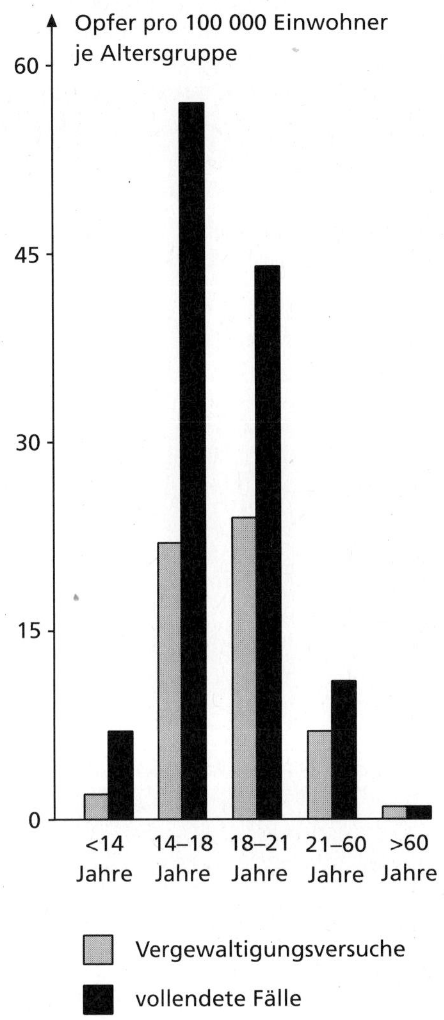

Fallentwicklung der Straftaten mit sexuellem Hintergrund	**1994**	**1995:**
Sexualmord	35	24
Straftaten gegen die sexuelle Selbstbestimmung	45 339	43 492
–"– unter Gewaltanwendung oder Ausnutzung eines Abhängigkeitsverhältnisses	12 767	13 633
davon Vergewaltigungen	6 095	6 224
Sexuelle Nötigung	4 934	5 331
Sexueller Missbrauch von Schutzbefohlenen/Ausnutzung einer Amtsstellung	1 738	2 078
darunter zum Nachteil von Kindern	1 010	1 054
Sonstiger sexueller Missbrauch	25 583	29 859
darunter: sexueller Missbrauch von Kindern	15 096	19 652
exhibitionistische Handlungen/Erregung öffentlichen Ärgernisses	9 485	9 991
Förderung sexueller Handlungen Minderjähriger oder der Prostitution	947	1 375
Zuhälterei	561	738
Verbreitung pornographischer Erzeugnisse an Personen unter 18 Jahren	384	440
Menschenhandel	767	1 196

Auszüge aus der polizeilichen Kriminalstatistik 1994 (Teil II)

	Straftaten gegen die sexuelle Selbstbestimmung*	darunter: Vergewaltigungen	darunter: überfallartig (Einzeltäter)	überfallartig (Gruppen)	durch Gruppen	sex. Nötigung
Fallentwicklung						
erfasste Fälle 1993	44 175	6 376	1 303	216	199	4 718
Aufklärungsquote 1993	65,1 %	70,3 %	49,4 %	30,6 %	73,9 %	60,9 %
erfasste Fälle 1994	45 339	6 095	1 178	154	161	4 934
Aufklärungsquote 1994	68 %	73,6 %	49,7 %	29,9 %	70,8 %	62,3 %
Opfer der Straftaten						
insgesamt		4 082 (2 059)	498 (685)	104 (51)	137 (28)	4 001 (1 024)
männlich		–	–	–	–	10,5 % (7,3 %)
weiblich		100 % (100 %)	100 % (100 %)	100 % (100 %)	100 % (100 %)	89,5 % (92,7 %)
Beziehung Opfer–Täter						
Verwandtschaft		375 (81)	17 (10)	1 (0)	2 (1)	209 (19)
Bekanntschaft		1 666 (485)	103 (50)	8 (1)	45 (9)	922 (108)
Tatverdächtige 1994						
insgesamt	25 312	4 642	573	103	300	3 233
männlich	91,6 %	99,2 %	100 %	97,1 %	99 %	97,9 %
weiblich	8,4 %	0,8 %	0 %	2,9 %	1,0 %	2,1 %
Alter der Tatverdächtigen						
unter 14 Jahren	2,2 %	0,7 %	0,9 %	1,9 %	3,0 %	2,7 %
14–18 Jahre	6,6 %	6,0 %	4,5 %	6,8 %	15,0 %	14,7 %
18–21 Jahre	6,5 %	9,7 %	9,5 %	18,4 %	22,0 %	8,0 %
21 Jahre und älter	84,7 %	83,6 %	85,1 %	72,8 %	60,0 %	73,6 %

versuchte Straftaten sind in Klammern angegeben

* ohne:
- sexueller Missbrauch von Schutzbefohlenen,
- sexueller Missbrauch von Kindern,
- exhibitionistische Handlungen und Erregung öffentlichen Ärgernisses,
- Ausnutzen sexueller Neigungen

Straftat	Tatverdächtige insgesamt	darunter: unter Alkoholeinfluss
Sexualmord	35	10 (28,6 %)
Vergewaltigung	4 642	1 511 (32,5 %)
Sexuelle Nötigung	3 233	758 (23,4 %)

Straftat	erfasste Fälle	Tatortverteilung in % nach Gemeindegrößen: *bis 20 000 Einwohner*	*20 000–100 000*	*100 000–500 000*	*500 000 und mehr*
Vergewaltigung	6 095	26,9 %	24,4 %	20,0 %	27,4 %

2.2 Selbstverteidigung beginnt im Kopf

Selbstverteidigung mit Hilfsmitteln

Das zunehmende Gewaltaufkommen in der Bundesrepublik Deutschland stellt viele Menschen vor die Frage, wie sie sich selbst wirksam vor direkten Angriffen schützen können.
Gerade Frauen wird oft empfohlen, sich mit Selbstverteidigungswaffen gegen eine drohende Vergewaltigung zu schützen. Ist die Entscheidung einmal getroffen, stellt die Vielzahl der im Handel erwerblichen technischen Hilfsmittel ein weiteres Problem dar. Welche Selbstverteidigungswaffe ist am besten geeignet? Welche bietet den größtmöglichen Schutz?

Im Handel erhältlich sind:
- Gaspistolen mit kleinem und großem Kaliber,
- Gas in Spraydosen unterschiedlicher Größe,
- Elektroschockgeräte verschiedener Bauart mit unterschiedlicher Voltstärke,
- Schrillalarmgeräte mit Gas- oder Batteriebetrieb,
- Rapel, ein künstliches Stinktiersekret.

Die Hersteller von Rapel empfehlen, das kleine Flakonfläschchen mit der Flüssigkeit direkt am Körper zu tragen und bei akuter Gefahr mit der flachen Hand zu zerdrücken. Ein beißender Gestank soll dann den Täter von seinem Vorhaben abhalten.
Ähnlich fragwürdig sind auch die anderen technischen Hilfsmittel. Gaspistolen sind unhandlich beim Transport und schwierig in der Handhabung; die Reichweite, abhängig vom Kaliber, ist oft sehr begrenzt. Aus kurzer Entfernung abgefeuert, können sie zu massiven Gesichtsverletzungen bis hin zur Erblindung des Getroffenen führen. Ebenso lassen sich Gaswaffen schlecht in geschlossenen Räumen wirksam anwenden. Im Auto, im Aufzug oder in ähnlich beengten Räumen wäre das Opfer selbst der Wirkung des Gases ausgesetzt.
Wie alle anderen Selbstverteidigungswaffen kann auch ein Elektroschockgerät keine umfassende Sicherheit garantieren. Diese Geräte erfordern direkten Hautkontakt, damit der Stromschlag wirksam werden kann, d. h. dass das Opfer den Täter erst aus allernächster Nähe abwehren kann.
Die vorgebrachten Bedenken gegen Selbstverteidigungswaffen sind vor allem dann schwerwiegend, wenn man in ihrer Handhabung noch ungeübt ist. Schlimmstenfalls gelingt es dem Täter, die Waffe im Schock des Überfalls an sich zu reißen und seinerseits gegen das Opfer einzusetzen. Es stellt sich weiterhin die Frage, ob die Selbstverteidigungswaffe im konkreten Fall sofort greifbar und unvermittelt einsetzbar ist und nicht zuletzt auch, ob sich der Täter nicht durch die Waffe so bedroht fühlt, dass er in Abwehr der Bedrohung die Situation weiter eskalieren lässt.
Allen technischen Hilfsmitteln der Selbstverteidigung ist gemeinsam, dass sie einen trügerischen Selbstschutz versprechen und der Trägerin Sicherheit vor gewalttätigen Übergriffen vortäuschen. Leider führt dies oft dazu, dass sie ihr Selbstvertrauen und ihr Selbstbewusstsein allein auf einem solchen Hilfsmittel aufbaut.

Selbstverteidigung	*Bewaffneter Widerstand*	*Unbewaffneter Widerstand*
Mittel	*Gaspistole, Spray, Elektroschock usw.*	*Körperliche und geistige Abwehr*
Problem	*– Mittel der »ultimativen Notwehr« – Gefahr der Eskalation – Frage der Effektivität – Problem des Timings*	*– Wahl der »Verhältnismäßigkeit der Mittel« – Hoher Trainingsaufwand – Stärkung der Selbstsicherheit und des Selbstbewusstseins – Sensibilisierung für: Gefahrenanalyse, Verhalten zum Täter (Opferrolle), Adäquater Widerstand, Hilfsmittel*

Allein der waffenlosen Selbstverteidigung das Wort zu reden, wäre ebenso einseitig. Dennoch spricht vieles dafür, ihr unter allen Möglichkeiten des Selbstschutzes den Vorzug zu geben.
Das Hauptargument für eine solche Entscheidung liegt in der »Verhältnismäßigkeit der Mittel«. Aus der Vielzahl der möglichen Aktions- und Reaktionsweisen lässt die waffenlose Verteidigung eine angemessene, wirkungsvolle Handlungsweise zu.
Die Probleme, die eine solche Selbstverteidigung aufwirft, sind letztlich notwendiges Hindernis, das bewältigt werden muss, um Selbstverteidigung zu dem werden zu lassen, was sie dem Sinn des Wortes nach zu sein beansprucht.
Waffenlose Selbstverteidigung erfordert einerseits die kritische Auseinandersetzung mit dem Thema Gewalt, sei sie struktureller oder personaler Natur. Sie verlangt, die Täter-Opfer-Beziehung bewusst zu machen mit dem Ziel, präventive Verhaltensstrategien zu vermitteln. Sie gründet auf einer selbstsicheren und selbstbewussten Verhaltens- und Handlungsweise, die sensibel ist für mögliche Gefahrenquellen. All dies ergänzt und bekräftigt durch ein Repertoire an Techniken, das andererseits nur durch ein intensives und ausdauerndes Training zu erreichen ist, in dem Mittel und Wege eingeübt werden, die es ermöglichen, im Falle einer akuten Bedrohung, und sei diese auch nur subjektiv empfunden, angemessen zu reagieren.
Gerade diese Schwierigkeiten aber sind es, die die Selbstverteidigung ohne den Rückgriff auf die genannten technischen Hilfsmittel effektiver werden lassen.
Unbewaffneter Widerstand schöpft seine Kraft aus dem Willen, niemals aufzugeben und nach allen nur erdenklichen Möglichkeiten zu suchen und diese auszunutzen. Dazu gehören auch die zahlreichen Dinge des täglichen Bedarfs, die man mit sich trägt oder die in greifbarer Nähe liegen. Sie alle eignen sich zum Stoßen oder Schlagen, um den Täter unmittelbar abzuwehren oder um ihn zu verunsichern und zu verwirren.

Solche Hilfsmittel können u. a. sein:
- ein Regenschirm,
- ein Schlüssel oder Schlüsselbund,
- eine Handtasche,
- ein Kugelschreiber, Stift oder eine Nagelfeile,
- eine brennende Zigarette oder ein brennendes Gasfeuerzeug,
- eine zusammengerollte Zeitung oder Illustrierte.

2.3 Opferrolle

Über die Bedeutung von Entspannungs- und Meditationsformen sowie der Rollenspiele in der Selbstverteidigung

Der Volksmund kennt den Ausspruch: »Er (sie) ist das geborene Opfer!« In ihrem Kern enthält diese Aussage eine nicht zu leugnende Tatsache, denn Menschen, die immer wieder in eine Opferrolle geraten, sind oft auf Grund ihrer persönlichen Entwicklung, meist als hilfloses Kind, zu Opfern gemacht worden.

Die traditionellen Erziehungsmuster öffnen sich für Mädchen nur langsam aus der überkommenen, gesellschaftlich geprägten Geschlechterrolle. Gerade Heranwachsende haben oft das Gefühl, machtlos zu sein – abhängig von den Meinungen und Handlungen anderer beherrscht zu werden.

Ein Opfer wird immer dann ein Opfer bleiben, wenn es nicht lernt, Verantwortung für sein eigenes Leben zu übernehmen, weil alles, was geschieht, ganz klar die Schuld von jemand anderem ist oder weil man selbst in der eigenen Befangenheit der erlernten Opferrolle davon ausgeht, immer wieder Opfer zu werden. Das Opfer ist der klassische Fall eines abhängigen Menschen, der ein Gefangener seiner Reaktionen ist, anstatt selbstbestimmt zu handeln.

Der einzige Weg, von der Opferrolle loszukommen, ist die autonome Entscheidung, bewusst und aktiv die persönliche Verantwortung für das eigene Leben zu übernehmen. Gerade die Überwindung von Gefahrensituationen bedeutet immer, gegen die eigene Angst anzukämpfen und aktiv sein Denken und Handeln auf die Auseinandersetzung mit anderen auszurichten. Je unbekannter die Bedrohung uns erscheint und je unerfahrener wir dieser Situation gegenüberstehen, umso mehr wird die Angst unser Verhalten bestimmen. Es bleibt dem Zufall überlassen, unserem Instinkt oder anderen äußeren Umständen, ob wir die Bedrohung überwinden oder zum Opfer werden.

Angst ist ein erlerntes Verhalten, das, wenn es uns in unserer Selbstbestimmung behindert, ebenso wieder verlernt werden kann. In Rollenspielen können die Schülerinnen lernen, Angst nicht als etwas zu begreifen, was sie sind sondern als etwas, was sie haben.

Sie können lernen, lähmende Angst zu überwinden und in Form einer Desensibilisierung im Spielvollzug nicht mehr nur auf sie zu reagieren, sondern kreativ und in angemessener Weise zu agieren.

Im Rollenspiel kann deutlich werden, dass Angst nicht nur Besitz ergreift und lähmt, sondern auch zum Handeln antreiben kann, wenn man sich die eigene Angst bewusst macht. Wenn die Schülerinnen lernen trotz ihrer Angst etwas zu tun, erfahren sie, dass diese Angst die fremdbestimmte Gewalt über sie verliert. Das Wesentliche ist, die Verantwortung für das, was geschieht, nicht nur bei anderen zu suchen. Wir können selbst bestimmen, wie wir in gegebenen Situationen agieren und reagieren. Nicht die äußeren Umstände bestimmen unsere Gefühle, sondern das, was wir denken. Das Bewusstwerden unserer Gefühle fängt daher mit einer inneren Befragung an. Was empfinde ich, was bedrückt mich, wovor habe ich Angst?

Um ängstliche oder negative Gefühle zu ändern, müssen wir diese Gedankengänge ändern. Der »innere Dialog«, der ständig in unseren Köpfen abläuft, kann das Selbstwertgefühl untergraben; daher ist es wichtig, diesen Dialog so zu führen, dass er von bewusst positiven Affirmationen gesteuert wird. Ich habe das Recht, »Nein« zu sagen und meine eigenen Entscheidungen zu treffen. Eine weitere hilfreiche Technik, der Angst zu begegnen, ist die, negative Aussagen wie »Ich habe Angst.« oder »Ich fühle mich hilflos.« zu vermeiden und durch positive zu ersetzen: »Ich bin stark.«, »Ich erreiche, was ich will.« oder »Ich bin selbstbewusst.«. Negative Aussagen neigen dazu negative Haltungen zu verstärken im Sinne einer self-fulfilling-prophecy (siehe Grafik).

Selbstbehauptung, Selbstbewusstsein sowie Selbstverteidigung erfordern, an diesem Punkt den Schülerinnen Mittel und Wege aufzuzeigen, wie sie den »Circulus vitiosus« der Opferrolle durchbrechen und selbstbestimmt ihre innere Haltung und Einstellung entwickeln können.

An dieser Stelle sind die verschiedenen meditativen Formen des T'ai Ch'i Ch'uan, des autogenen Trainings sowie einige im Buch eingebauten Kopiervorlagen in den Selbstbehauptungsteil des Kurses zu integrieren.

Der Frage nachzugehen, wie habe ich mich in dieser Situation verhalten, warum habe ich so und nicht anders gehandelt, warum habe ich das gesagt, welchen Anteil habe ich an dieser Situation, ist der zweite Schritt in Richtung einer selbstbestimmten Lebensführung.

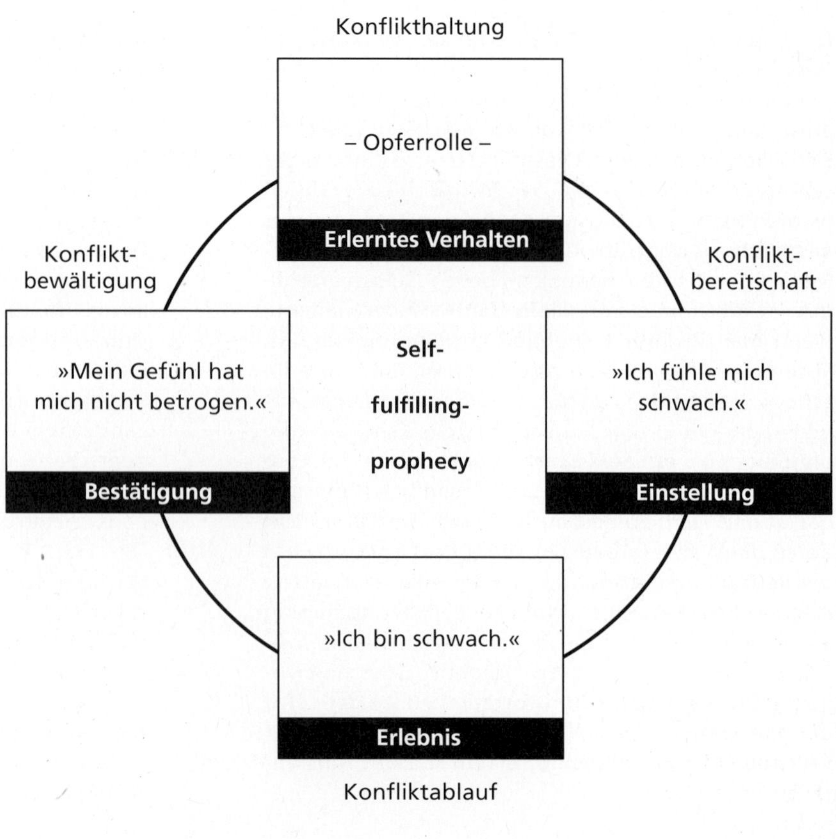

2.4 Distanz

Interne Verarbeitung einer bedrohlichen Situation

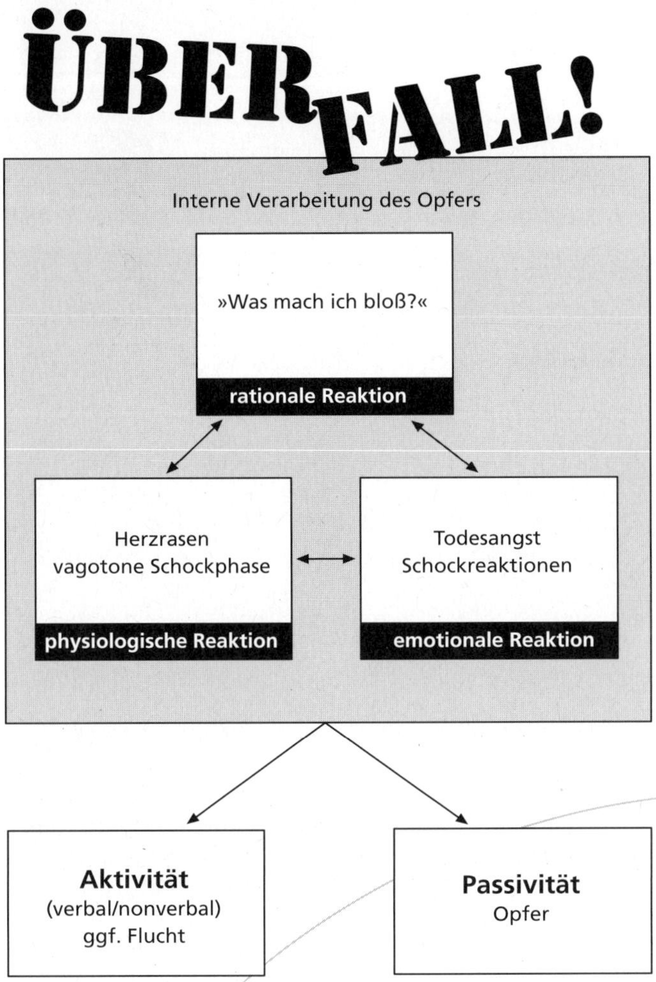

Bedeutung der Distanz in der Selbstverteidigung

»Bleib mir vom Leib!«, »Rück mir nicht so dicht auf die Pelle!«, mit diesen Redewendungen aus der Alltagssprache machen wir meist unbewusst die Bedeutung der Distanzzonen im zwischenmenschlichen Kontakt deutlich.
Jeder Mensch besitzt und beansprucht, ob bewusst oder unbewusst, eine bestimmte Zone. Damit ist ein individueller Raum um uns herum angesprochen, ein Revier, welches wir mit ganz bestimmten Verhaltensweisen im Kontakt mit anderen öffnen oder bewachen und verteidigen.
Aber auch die Art und Weise, wir wir selbst in andere, fremde Reviere eindringen, beruht auf Verhaltenstechniken und -vorgängen, die Teile der nonverbalen Kommunikation sind. Gerade aber diese Teile der nonverbalen Kommunikation sind wesentliche Merkmale unseres Verhaltens gegenüber anderen Menschen.
Für den Bereich der Selbstverteidigung, den Schutz unseres ureigenen Raumes, sind zwei unterschiedliche Gradmessungen der Revier- und Raumeinteilung von Bedeutung:
Die erste Aufteilung der Distanzzonen stammt von dem amerikanischen Anthropologen Edward T. Hall, dessen Theorie der »Proxemik« in die Wissenschaft der Körpersprache, der »Kinesik« eingegangen ist.

Aufteilung nach Edward T. Hall:

1. Die **»intime« Distanz:** Nahbereich
2. Die **»persönliche« Distanz:** Nahbereich
3. Die **»gesellschaftliche« Distanz:** Fernbereich
4. Die **»öffentliche» Distanz:** Fernbereich

Die zweite Gradmessung der Distanzzonen entspringt dem Bereich der Kampfsportarten, wie Boxen oder Karate:

1. Die **Nahdistanz:** direkter Körperkontakt
2. Die **Halbdistanz:** Entfernung auf Armlänge
3. Die **Distanz:** Entfernung auf Länge von Tritttechniken
4. Die **Hyperdistanz:** Außerhalb der Reichweite des Angreifers

Ähnlich wie die »gesellschaftliche« und »öffentliche« Distanz im Bereich der Körpersprache ermöglicht die »Hyperdistanz« in der Selbstverteidigung einen gewissen Schutz vor unmittelbaren Übergriffen.
In einer bedrohlichen Situation muss, wenn es die äußeren Umstände erlauben, die Maxime lauten: **»Bis hierher und nicht weiter!«**
Durch die unterschiedlichen Übungs- und Trainingsformen im Technikbereich der Selbstverteidigung sollen die Schülerinnen jene individuelle »kritische Distanzlinie« verinnerlichen, die sie durch die Reichweite ihrer Tritttechniken erzielen.
Überschreitet ein potentieller Täter diese Linie in der Absicht, sein Opfer anzugreifen, sind ein oder mehrere schnelle Selbstverteidigungstechniken, eingeleitet durch Tritte, ein wirkungsvolles Mittel, den Angriff abzuwehren, da die Tritttechniken eine Distanz herstellen, die außerhalb der Reichweite der Arme des Angreifers ist. Diesen Vorteil gilt es auszunutzen.

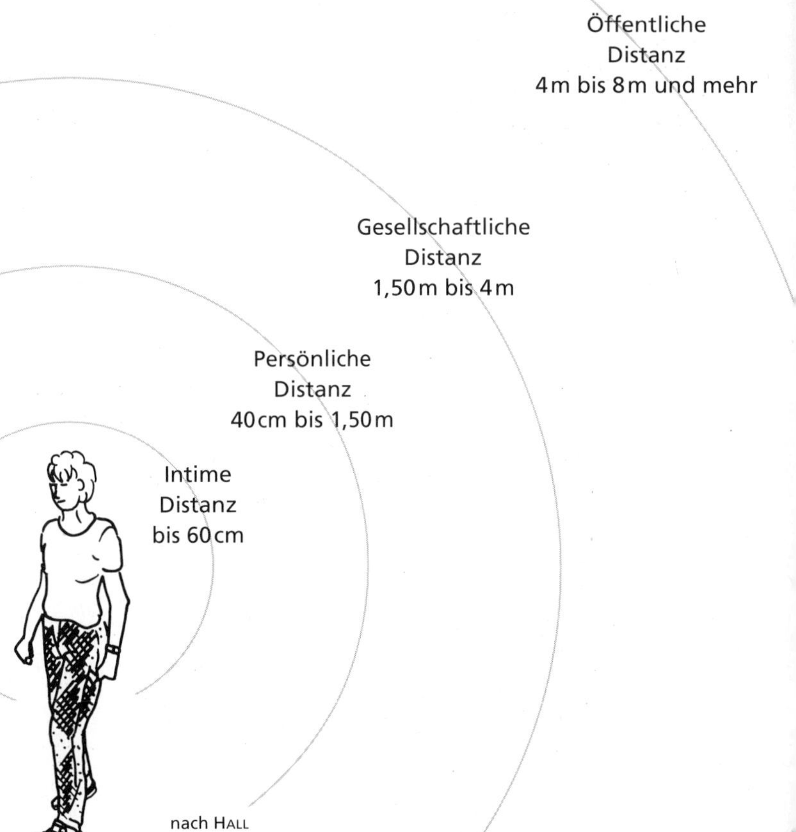

nach Hall

2.5 Kommunikation und Prävention

Die Distanzzonen nach E.T. HALL spielen im präventiven Bereich der Selbstverteidigung dahin gehend eine Rolle, dass sich die Schülerinnen bewusst machen, inwieweit sie auf diese Distanzzonen im Kontakt mit anderen achten und unter welchen Umständen und welchen Personen sie es erlauben, diese Zonen zu überschreiten. Mit der Distanz die sie selbst wählen oder zulassen, senden sie eine Botschaft aus, die, abhängig von der jeweiligen Situation und dem Empfänger der Botschaft, nicht immer eindeutig zu verstehen ist. So ist ein Überwechseln von der »gesellschaftlichen« Distanz in die »persönliche« Distanz einmal als freundschaftliche Aufforderung zu verstehen, sich näher kennenzulernen, ein anderes Mal als Bedrohung, da dieser »Distanzwechsel« auch eine Verletzung des persönlich beanspruchten Raumes darstellen kann.
Unabhängig von dem gesellschaftlich eindeutig sanktionierten »Übergriff« in die Zonen der »persönlichen« oder »intimen« Distanz wie etwa bei einer freundschaftlichen Begrüßung oder beim Tanzen, muss den Schülerinnen deutlich werden, dass sie unter anderen nicht so klar festgelegten Umständen in dieser Distanz Vertrautheit signalisieren, die vom Gegenüber als Einladung zu persönlich-intimer Kontaktaufnahme verstanden werden kann.
Gerade im Falle des »Trampens« oder Mitfahrens bei einem Bekannten bedeutet der Einstieg in ein Fahrzeug, dass man aus freien Stücken in die »persönliche« Distanz des Fahrers eindringt. Hinzu kommt, dass der Fahrer durch seinen Besitzanspruch über das Fahrzeug auch eine Verfügungsgewalt über Mitreisende ableiten könnte.
Ebenso verhält es sich beim Betreten einer »fremden« Wohnung. Auch Freunde oder Bekannte könnten hier der Versuchung erliegen, das freiwillige Eindringen in ihre »persönliche« Distanz – die hier durch den Wohnraum begrenzt wird – als Berechtigung oder gar als Aufforderung anzusehen, durch den »Gast« ein Besitz- oder Verfügungsrecht erteilt zu bekommen. Daher sollte man solche Situationen, in denen man für andere bewusst Nähe schafft, gut überdenken und sich wenn möglich anders entscheiden.

Das Experiment mit dem Raum:
Die Wirkung der HALL'schen Distanzzonen kann die Lehrerin an einem Experiment verdeutlichen:
Sie bittet eine der Schülerinnen aus der Gruppe vorzutreten, geht dann aus einigen Metern Entfernung auf sie zu und schaut ihr dabei direkt in die Augen. Ohne Eile durchquert sie die Distanzzonen und stellt sich unmittelbar vor die Schülerin. Die Reaktionen sind meist eindeutig. Das Überschreiten der Distanzzonen und das Eindringen in die »Intim«-Zone wird als eine Bedrohung empfunden die von der Schülerin mit einem distanzierenden Schritt aus dieser Zone beantwortet wird.
Im anschließenden Gespräch in der Gruppe über die Reaktion der Schülerin und die Bedeutung der Distanzzonen im Bereich der Prävention sexueller Übergriffe ist es sinnvoll, die Rolle der Distanz im Bereich der Selbstverteidigung aufzuzeigen und zu verdeutlichen.

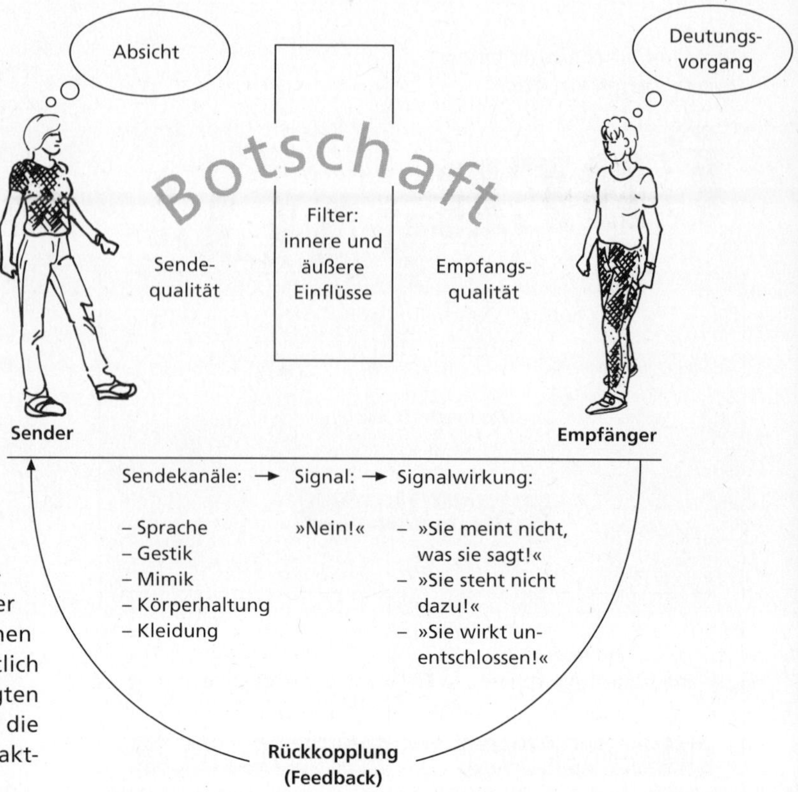

Die Signale, die unser Körper aussendet, sprechen oft eine deutlichere Sprache als viele Worte. Wenn unser Verhalten, unsere nonverbalen Botschaften nicht mit den Worten übereinstimmen, führt das zwangsläufig zu Missverständnissen. Um diese zu vermeiden, das Denken und Handeln in Einklang zu bringen mit den Botschaften, die unser Körper aussendet, bedarf es der Bewusstmachung und Aufdeckung unseres Erscheinungsbildes und der Tatsache, dass wir gewollt oder ungewollt durch unsere Körpersprache immer selbst Botschaft sind.
Selbstbestimmtes und selbstbewusstes Handeln setzt voraus, dass wir die verschiedenen kommunikativen Kanäle, die wir besitzen, steuern und nicht unbewusst und unkontrolliert in Erscheinung treten lassen. Unsere Gedanken, unsere Sprache, unsere Körpersignale und die Einflüsse unserer Gefühlswelt bestimmen unter gegenseitiger Beeinflussung unser Menschsein. Im Kontakt mit anderen wird es davon abhängen, ob es uns gelingt, als Sender von Botschaften Interferenzen zu kontrollieren, um Missverständnisse zu vermeiden.
In den unterschiedlichen Übungsformen des Kurses zur Kommunikation soll den Schülerinnen Raum gegeben werden, sich selbst im Kontakt mit anderen zu erfahren und in der Auseinandersetzung mit anderen lernen, doppelte Botschaften zu unterbinden.
Um diese missdeutigen Botschaften im Zusammenspiel von verbaler und nonverbaler Kommunikation auszuschalten, sollen die Schülerinnen in den unterschiedlichen Übungs- und Spielformen ihr Verhalten und ihre Sprache überprüfen. Sie sollen lernen, verbal (durch sog. Ich-Botschaften) und nonverbal eindeutige Botschaften auszusenden und sensibilisiert werden, auch als Empfänger die ausgesendeten Botschaften anderer Personen nicht unbedacht zu ignorieren. In diesem präventiven Sinne wachsam und aufmerksam Kontakte zu anderen Personen zu gestalten, hilft den Schülerinnen, im Vorfeld die ihnen vom Täter zugedachte Opferrolle abzuweisen.

2.6 Stress und Schock

Stress und Schock sind zwei Spannungsreaktionen des menschlichen Organismus, denen in einer Selbstverteidigungssituation eine Schlüsselfunktion zukommt. Ihre physischen und psychischen Zusammenhänge sowie deren Auswirkungen auf den Menschen beeinflussen das Geschehen in höchst komplexer Form.

Für das Opfer bedeutet Selbstverteidigung als allererstes, die negativen Auswirkungen von Stress und Schock für sich selbst zu minimieren oder so gut wie möglich zu kontrollieren und im Gegenzug diese als Abwehrmittel gegen den Täter anzuwenden.

Für das Verhalten des Täters sind die durch den Stress und den Schock des Übergriffs ausgelösten Verhaltensweisen des Opfers oft Antriebsfeder seines Vorgehens: die vom Opfer ausgehenden Signale der Angst und Ohnmacht sind meist nicht nur Absicht, sondern Ziel seiner Handlungen.

Stress

Stress bedeutet, dass die Aufnahmefähigkeit des gesamten menschlichen Organismus überstrapaziert und dieser dadurch in seinen Reaktionskapazitäten überfordert wird.

Er umfasst einen Spannungszustand in Form einer seelisch-nervlichen Überforderung des menschlichen Steuerungssystems, in dem der Organismus gezwungen ist, seine Abwehrkräfte zu mobilisieren, um einer bedrohlichen Situation zu begegnen. Durch Angst oder Schrecken ausgelöste Nervenfunktionen im Gehirn werden vom vegetativen oder sympathischen Nervensystem gesteuert. Sympathisch bedeutet hier in der ursprünglichen Bedeutung des Wortes »mitleidend«.

Aus der Frühzeit des Menschen, der als Jäger und Sammler lebte, sind uns Reflexe erhalten, die vom vegetativen System automatisch ausgelöst werden. So bewirkt in Gefahrenmomenten die Ausschüttung des Nebennierenhormons Adrenalin in die Blutbahn eine Fülle körperlicher Symptome – eine beschleunigte Herztätigkeit, verengte Blutgefäße, gesteigerten Blutdruck, erweiterte Pupillen, zusammengezogene Eingeweide – mit dem Ziel, schnelle Reaktionen zu ermöglichen.

Übungsformen zur Überwindung von Stress und Schock

1. **Meditations- und Entspannungsübungen**
   - T'ai Ch'i Ch'uan
   - Autogenes Training
2. **Verhaltens- und Kommunikationstraining**
   - Übungen zur Körpersprache
   - Stegreif- und Rollenspiele
   - Mentales Training

Schock

Der Schock, ausgelöst durch eine Reizüberflutung des menschlichen Organismus, kann abhängig von der Stärke der äußeren Reize zu einem körperlichen und seelischen Zusammenbruch führen.

In einer plötzlich einsetzenden, überraschenden und als bedrohlich empfundenen Situation, können die Rezeptoren die empfangenen Signale des Hörens, Sehens und Fühlens nicht mehr verarbeiten, woraufhin es zu einem »Kurzschluss« im »System Mensch« kommt.

Durch eine schlagartig in der Schockphase einsetzende muskuläre Entspannung des gesamten Organismus, versackt das Blut in den erweiterten Blutgefäßen der Eingeweide, die kreisende Blutmenge ist zu gering, der Blutdruck stark erniedrigt, der Puls schwach, die Atmung abgeflacht. Herzrasen, Zittern, Schweißausbruch, Übelkeit und Erbrechen bis hin zur Aktivierung der Blasen- und Darmtätigkeit können die Folgen sein. Gleichzeitig mit den körperlichen Schocksymptomen setzt in der Schockphase eine lähmende Denkblockade ein. In seiner extremsten Form, dem sog. *Nervenschock,* steigert er sich bis zur Bewusstlosigkeit, wobei die Nachwirkungen tagelang anhalten können.

nach Lütgert/Eckert/Rösler

Die unterschiedlichen Übungsformen des Selbstverteidigungskurses zielen u. a. darauf ab, die Bewegungsstarre der *vagotonen Schockphase* zu verkürzen sowie lähmende und inadäquate Verhaltensmuster im Angesicht einer Bedrohung zu durchbrechen.

2.7 T'ai Ch'i Ch'uan

Das aus China stammende T'ai Ch'i Ch'uan ist weniger eine gymnastische Übungsform als ein traditionelles System, welches danach strebt, die Ganzheit des Menschen anzusprechen. Die Harmonie aller zusammenwirkenden Kräfte von Körper, Geist und Seele im Menschen kann helfen, eine seelische Verfassung zu finden, die von Ruhe und Ausgeglichenheit getragen ist und Überreiztheit, Nervosität und andere Stressfaktoren abbaut.
Mit den folgenden Grundübungen aus dem chinesischen T'ai Ch'i Ch'uan, einer Bewegungs-Meditation taoistischen Ursprungs, soll den Schülerinnen eine Möglichkeit aufgezeigt werden, ihren Körper und Geist als Einheit zu erfahren. Durch die geistige Ruhe und Konzentration der langsam fließenden Bewegungen in Einklang mit einer tiefen, gleichmäßigen und ruhigen Atmung (Zwerchfellatmung) und einer korrekten Körperhaltung wird die Überbetonung des Intellekts zurückgenommen. Die Erfahrung des »In-uns-selbst-Ruhens« eröffnet einen Weg, der sie weniger abhängig machen kann von den Einflüssen äußerer Umstände wie die einer bedrohlich empfundenen Situation.
Die folgenden Grundübungen sind leicht zu erlernen und eignen sich auf Grund ihrer Anspruchslosigkeit auch zum häuslichen Üben.

1. Zen-Stehen
2. »Wecke das Ch'i«
3. »Der Kranich breitet seine Flügel aus«
4. Stoßende Hände »Pushing Hands« (Partnerübung)

Zur Ausführung der Bewegungen

Sanfte, langsame, fließende und entspannte Bewegungen ohne jegliche Kraftanstrengung sind das besondere Kennzeichen dieser Übungen. So wie man einen Seidenfaden aus einem Kokon zieht, nicht zu schnell und stark, sonst zerreißt er, nicht zu langsam und schwach, sonst löst er sich nicht. Anfangs bewusst und konzentriert ausgeführt, sollten die Bewegungen mit fortschreitender Praxis eher unbewusst und harmonisch erfolgen.

Zur Atmung

Die Atmung erfolgt während der Übungen als Bauchatmung (i. E. Zwerchfellatmung) auf natürliche Weise. Die Schülerinnen sollen gleichmäßig, ruhig und entspannt durch die Nase ein- und ausatmen. Mit fortschreitender Praxis sollten sie ihre Atmung mit den Bewegungen koordinieren. Einatmen beim Heben und zurückweichen, ausatmen beim Senken und Vorwärtsstoßen.

Zen-Stehen

Der Stand

1. Die Füße sind etwa schulterbreit geöffnet und stehen parallel nebeneinander mit leicht nach innen gerichteten Fußspitzen. Das Gewicht ist auf beiden Füßen verteilt und auf die Fußballen verlagert, ohne die Fersen anzuheben.
2. Die Knie sind schwach gebeugt und leicht einwärts gerichtet.
3. Der Rücken ist gerade, das Gesäß nach vorn und der Rücken nach hinten gezogen ohne dabei den Brustkorb anzuheben.
4. Die Schultern hängen entspannt nach unten und die Arme locker seitlich am Körper.
5. Der Kopf ist aufrecht zu halten, das Kinn leicht angezogen (sanftes Doppelkinn) und der Blick gerade nach vorn gerichtet.
6. Um den positiven Dehneffekt der Wirbelsäule zu erzielen, muss das Becken nach unten und der Kopf nach oben gezogen werden, so wie eine schwere Marionette die an einem Faden hängt, der am Scheitelpunkt des Kopfes befestigt ist.

Die Haltung der Arme

1. Die Arme bilden einen offenen Kreis etwas unterhalb der Höhe der Schultern so, als ob man einen zu dicken Baumstamm locker und entspannt umfassen wollte.
2. Die Hände sind leicht geöffnet, die Fingerspitzen zeigen in einem Abstand von etwa 10 cm zueinander.

Die Bewegung

Das Heben und Senken der Arme erfolgt langsam und gleichmäßig, ohne dass sie ihre Grundhaltung ändern.

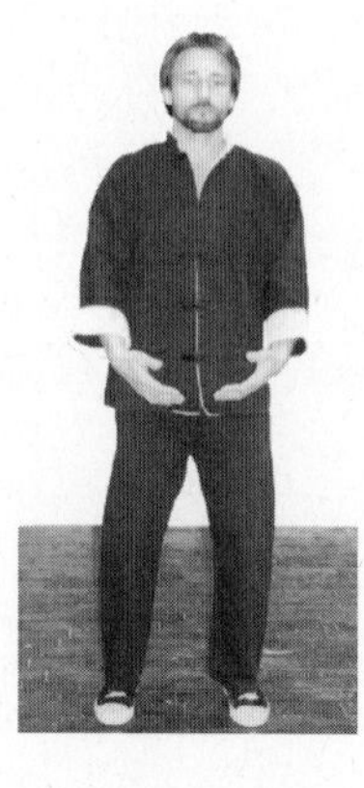

»Wecke das Ch'i«

Der Stand

Die Körperhaltung entspricht der des Zen-Stehens, wobei hier das Gewicht gleichmäßig auf die ganzen Fußsohlen verteilt ist.

Die Bewegung

1. Die Arme hängen entspannt seitlich am Körper, die locker geöffneten Hände zeigen mit den Handrücken nach vorn.
2. Beim Anheben der Arme bleiben die Ellenbogen leicht gebeugt, wobei die geöffneten Hände locker nach unten hängen.
3. Mit der abschließenden Aufwärtsbewegung der Hände bis knapp unterhalb der Schulterhöhe strecken wir die Hände sanft aus, bis die Handrücken in Verlängerung der Unterarme nach vorn zeigen.
4. Ohne Unterbrechung ziehen wir die Handrücken etwa in Schulterhöhe auf uns zu, indem wir die Ellenbogen absenken.
5. Dann strecken wir die Arme, als ob wir bis zu den Schultern im Wasser stünden, langsam in ihre Ausgangshaltung zurück. Mit einem weichen, fließenden Wechsel beginnen wir erneut mit dem Anheben der Arme.

Die Übung sollte über einen Zeitraum von mehreren Minuten durchgeführt werden.

»Der Kranich breitet seine Flügel aus«

Der Stand

Der Stand entspricht der Übung »Wecke das Ch'i«. Die Handinnenflächen zeigen zu den Oberschenkeln, der Blick ist gerade nach vorn gerichtet.

Die Bewegung

1. Das Körpergewicht verlagern wir, ohne die Haltung zu ändern, langsam auf den linken Fuß und heben dann sanft das rechte Knie und den rechten Arm in einer koordinierten Bewegung an.
2. Das Knie beschreibt, bei entspannter Fußhaltung, vor dem Körper einen leichten Bogen bis in Höhe des Beckens und sinkt dann wieder ab und der Fuß kehrt mit der Fußspitze voran in seine Ausgangsstellung zurück.
3. Zeitgleich wird der entspannte Arm seitlich am Körper angehoben. Der Ellenbogen ist leicht gebeugt und die locker geöffnete Hand hängt entspannt nach unten. Die Bewegung gleicht der einer Marionette, die an einem Faden am oberen Handgelenk gezogen wird.
4. Mit dem Erreichen der Höhe der Schulter wird die Hand sanft bis in Verlängerung des Unterarmes angehoben.
5. Fuß und Arm erreichen den Scheitelpunkt ihrer Bewegung gleichzeitig.
6. Mit dem Absinken des Knies senken wir den Arm in seine Ausgangsstellung zurück. Die locker gehaltene Hand folgt dieser Bewegung hinterher.
7. Ohne Unterbrechung setzen wir über die Fußspitze die ganze Fußsohle auf den Boden auf und verlagern gleichzeitig ohne Hast das Körpergewicht auf den ganzen Fuß.
8. Im Wechsel erfolgt nun das langsam fließende Heben und Senken von Arm und Bein der anderen Körperseite.

Wie bei der Übung »Wecke das Ch'i« sollte über mehrere Minuten geübt werden.

Die Quelle der Energie des Ch'i sind nach der chinesischen Philosophie die beiden Pole Ying und Yang. Ying: Dunkel – Yang: Hell. Sie bilden, in Form ausgleichender Gegensätze wie Bewegung–Ruhe, Stark–Schwach, im Menschen eine Einheit.

Stoßende Hände »Pushing Hands«

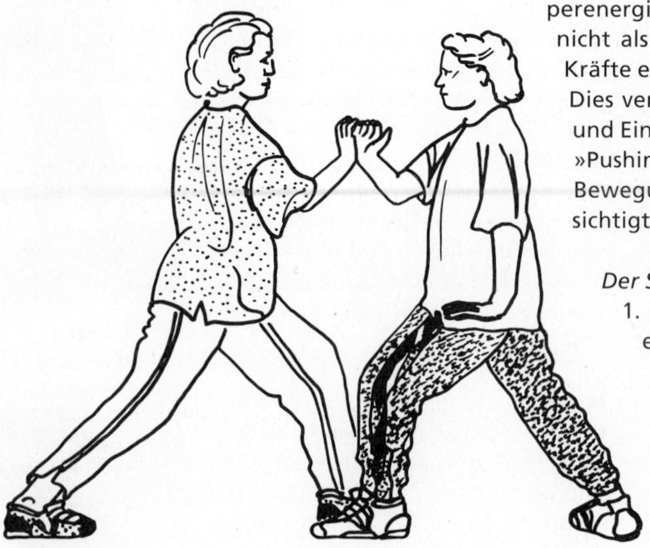

Stoßende Hände ist eine Partnerübung. Im Gleichklang einer Angriffs- und einer Abwehrbewegung sollen die Schülerinnen die Harmonie ihrer Körperenergien erfahren und aufeinander abstimmen, dabei die Partnerin nicht als Gegnerin ansehen, sondern gemeinsam mit ihr die sanften Kräfte einsetzen, aufnehmen und steuern.
Dies verlangt ein gehöriges Maß an Konzentration, Empfindsamkeit und Einfühlungsvermögen. Um dieses Ziel zu erreichen, erfordern die »Pushing Hands« ein intensives Üben, jedoch lässt sich schon mit etwas Bewegungserfahrung aus den vorangegangenen Übungen die beabsichtigte Wirkung der harmonischen Einheit spüren.

Der Stand

1. Die Schülerinnen stehen sich im sogenannte Bogenschritt, einem hohen Ausfallschritt, gegenüber, so dass die Innenseiten des linken Fußes in Fußbreite nebeneinander stehen. Das vordere Bein ist stark, das hintere Bein leicht gebeugt. Etwa 70 % des Körpergewichts ruhen auf dem vorderen Fuß.
2. Die aufrechte Rücken-, Schulter- und Kopfhaltung beachten, der Blick ist nach vorn gerichtet.
3. Der linke Arm hängt locker nach unten. Die linke Hand wird zur »stehenden Hand«, d. h. sie bildet mit dem Unterarm einen rechten Winkel, die Handinnenfläche zeigt zum Boden, alle Finger sind natürlich gestreckt, leicht geöffnet und zeigen mit den Fingerspitzen nach vorn. In dieser Haltung folgt der linke Arm der Bewegung des ganzen Körpers.
4. Der rechte Arm wird um 45° gebeugt vor dem Brustbein gehalten, der Ellenbogen zeigt schräg nach unten. Die rechte Hand bildet, die Finger leicht geöffnet und in gerader Verlängerung des Unterarms, die »T'ai Ch'i-Hand«.
5. Die rechten »T'ai Ch'i-Hände« der Übenden berühren sich an der äußeren Handkante. Dieser Kontakt bleibt während der Übung bestehen.

Die Bewegung

Durch die sanftgleitende, vorstoßende und zurückweichende Bewegung des ganzen Körpers beschreiben die erhobenen Hände eine horizontale Kreisbewegung. Wichtig ist, dass die Arme aus der Hüftbewegung geführt werden. Mit der vorstoßenden Bewegung wird das Körpergewicht auf den vorderen Fuß, beim Zurückweichen auf den hinteren Fuß verlagert und dabei der Arm entweder leicht gestreckt oder gebeugt.

1. Partnerin X verlagert das Hauptgewicht auf den vorderen Fuß und dreht dabei ihre vordere Hüfte weiter nach vorn. Mit der Hüftdrehung stößt sie weich und gleichmäßig die Hand zum Brustbein der Partnerin Y in einem gegen den Uhrzeigersinn gerichteten Kreisbogen.
2. Die Partnerin Y weicht dem sanften Druck aus ohne den Kontakt der Außenhandkanten aufzugeben, indem sie ihr Gewicht auf den hinteren Fuß verlagert und dabei ihre vordere Hüfte zurückdreht.
3. Mit der Ausweichbewegung der Hüfte beugt sie ihren vorderen Arm etwas stärker zum Körper hin. Sie lenkt so die stoßende Bewegung von Partnerin X knapp vor ihrem Brustbein ab, indem sie die halbkreisförmige Angriffsbewegung aufnimmt und nun ihrerseits, eine horizontale Kreisbewegung fließend aus der ausweichenden Bewegung in eine vorstoßende Bewegung übergeht.
4. Sie verlagert dazu ihr Körpergewicht weich und sanft auf den vorderen Fuß und dreht ihre rechte Hüfte wieder nach vorn. In einer harmonischen Anschlussbewegung stößt sie weich mit der Hüfte ihren stark gebeugten Arm in einem Bogen auf das Brustbein der Partnerin X zu.
5. Partnerin X gibt dem sanften Druck von Y nach, indem sie ihrerseits ihr Körpergewicht auf den hinteren Fuß verlagert, dabei die vordere Hüfte zurückdreht und die horizontale Kreisbewegung der Arme schließt.

Auch diese Übung sollten die Schülerinnen über mehrere Minuten durchführen und sowohl rechts als auch links trainieren.

2.8 Autogenes Training

Das 1920 von dem Berliner Nervenarzt Johannes Heinrich Schulz entwickelte »Autogene Training« eignet sich besonders gut, den Schülerinnen eine Methode zu vermitteln, sich zu entspannen und innere Ruhe zu gewinnen. Beim »Autogenen Training« handelt es sich um eine Form der Autosuggestion, die den ganzen Menschen auf mehr Optimismus umstellen und durch seine bekräftigende Wirkung zu mehr Selbstsicherheit und Selbstvertrauen führen kann.

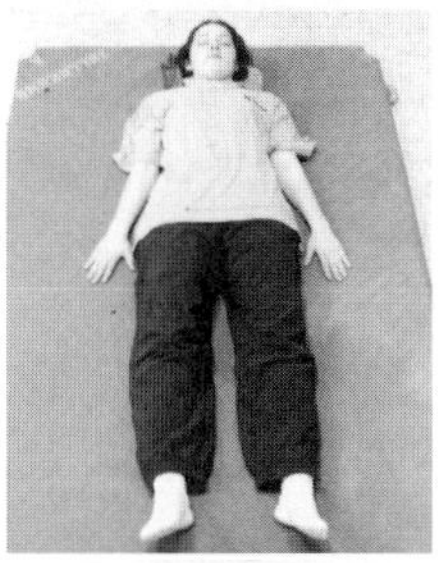

Die »Selbsterzeugte Übung« ist am besten in der Liegehaltung durchzuführen. Die Unterlage sollte nicht zu hart sein, der Kopf z. B. auf einem zusammengelegten Handtuch liegen. Die Kleidung darf nicht beengen, Schuhe, Brille und Schmuck sollten die Schülerinnen ablegen, um das Gefühl der Körperlosigkeit nicht zu beeinträchtigen. In einer angenehmen Rückenlage werden die Beine leicht geöffnet und die Arme mit den Handflächen nach unten, neben den Körper gelegt. Kein Körperteil darf dabei ein anderes Körperteil berühren. Der Kopf ist gerade zu halten und der Mund geschlossen. Völlig locker und entspannt sollten sich die Schülerinnen zu Beginn der Übung nur auf eine gleichmäßige und gelöste Zwerchfellatmung konzentrieren.

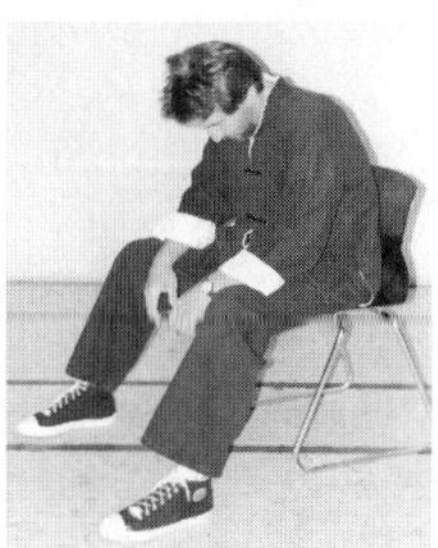

Der sog. *Droschkenkutschersitz* bietet sich in den Fällen, in denen die Liegehaltung ausgeschlossen ist, als eine gute Alternative an. Der Name dieser entspannten Sitzhaltung geht auf die Fiakerfahrer zurück, die oft stundenlang in dieser Haltung auf ihre Kundschaft warten können. Die Beine sind leicht gegrätscht und mit dem ganzen Fuß, bei etwas vorgestellten Unterschenkeln, auf dem Boden aufgestellt. Die Arme sind locker mit den Unterarmen auf den Oberschenkeln aufgelegt. Die entspannt herabhängenden Hände dürfen sich nicht berühren. Der Kopf sinkt, bei leicht vorgebeugtem Oberkörper, nach vorn auf die Brust.
In regelmäßigen Abständen (zu Beginn etwa alle 30 Sekunden, später in Abständen von 1–2 Minuten) erfolgt, entweder durch den Übungsleiter oder durch die Übenden selbst, der gewünschte Befehl, dessen suggestive Kraft durch eine entsprechende Betonung gefördert werden kann. Autogenes Training sollte über einen Zeitraum von etwa 15–20 Minuten durchgeführt werden.

Die Übungen

Das »Autogene Training« unterscheidet in einem ersten Stadium zwischen verschiedenen Körperübungen:

Körperübung	Befehl
1. Entspannungsübung	»Ich bin völlig ruhig und entspannt.«
2. Schwereübung	»Mein linkes Bein wird ganz schwer.«
3. Wärmeübung	»Mein rechter Arm wird ganz warm.«

Die Übungen 2. und 3. können nacheinander auf die eine und dann auf die andere Körperseite angewendet werden.

Durch die autosuggestive Kraft der an sich selbst gerichteten Befehle lassen sich auch ein ruhiger Herzschlag und eine entspannte Atmung erzielen. Mit einiger Übung – man sollte »Autogenes Training« jeden Tag für etwa 15–30 Minuten durchführen – kann dann von den Körperübungen zu Einstellungsübungen gewechselt werden.

Einstellungsübung	Befehl
1. Selbstbewusstsein	»Ich bin stark und selbstbewusst.«
2. Durchsetzungsvermögen	»Ich setze mich durch.«
3. Selbstbehauptung	»Ich erreiche, was ich will.«

Die letzten Minuten sollten die Schülerinnen ganz entspannt und gelöst den letzten Befehl nachwirken und ausklingen lassen.

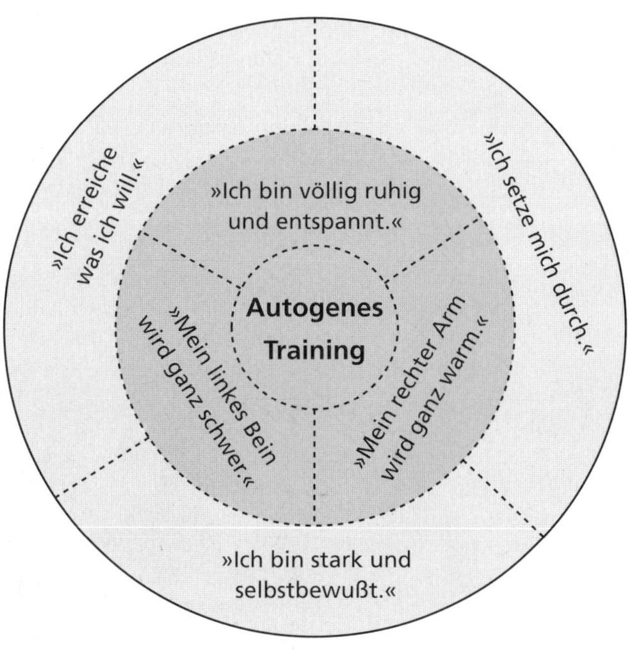

Besonders wichtig ist das **»Zurücknehmen«** am Ende der Übung. Wie nach einem langen und tiefen Schlaf sollten sie sich, um den Kreislauf in Schwung zu bringen, erst einmal recken und strecken, die Hände wiederholt zu Fäusten ballen, dann die Augen öffnen und sich schließlich langsam aufsetzen, bevor sie endgültig aufstehen.

☐ Einstellungsübung

■ Körperübung

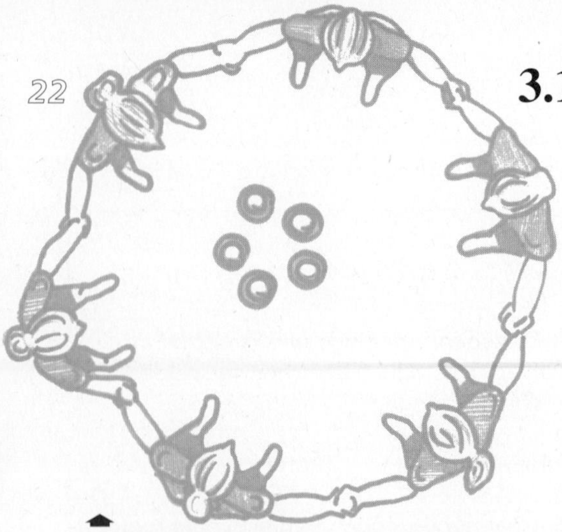

3.1 Vorbereitende spielerische Übungsformen

Die folgenden Übungen zielen darauf ab, die Schülerinnen durch körperbetonte, kämpferische Übungsformen an den aktiven Körpereinsatz heranzuführen. Vielen fällt es schwer, ein der traditionellen Frauenrolle eher untypisches Verhalten anzuwenden und bewußt aufzuzeigen. Körperbetontes Durchsetzungsvermögen und kraftbetonter Durchhaltewille sind Ziele dieser Übungsformen.

1 *Ringender Kreis*

Sechs bis acht Schülerinnen bilden einen Kreis und fassen sich an den Händen. In der Mitte des Kreises stehen in einem kleinen Kreis fünf Keulen. Durch Ziehen, Drängeln oder Schieben versuchen sie nun, dass eine der Mitspielerinnen eine Keule umwirft. Anstelle der Keulen kann auch der zweite kleinere Kreis aufgezeichnet werden, den die Mitspielerinnen nicht berühren oder überspringen dürfen.

2 *Zieh-Wettkampf*

Je zwei Schülerinnen stellen sich mit dem rechten Bein nach vorn in der gebeugten Grätsche auf und drücken ihre Fußkanten fest gegeneinander. Sie erfassen jeweils das Handgelenk der Partnerin und lehnen sich nach hinten, bis die Arme gestreckt sind. Auf ein Kommando des Schiedsrichters versuchen sie, die Partnerin auf ihre Seite zu ziehen. Anschließend werden die Seiten und dann die Partnerinnen gewechselt.

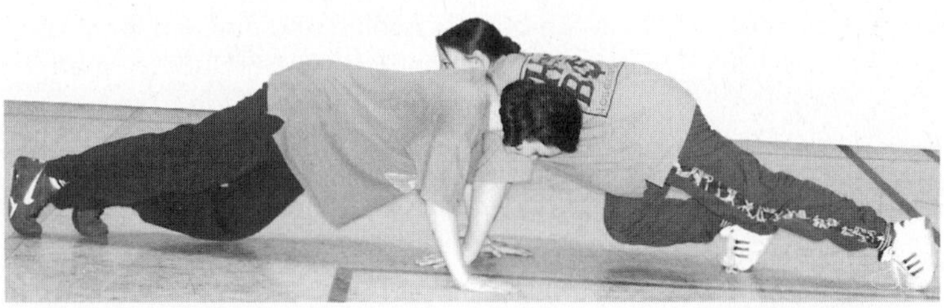

3 *Gebirgsturnier*

Aus dem Kniestand bringen je zwei Schülerinnen ihre gegenüberliegende Schulter aneinander, so dass sich ihre Schulterbeugen fest berühren. Auf »Los« begeben sie sich in den Liegestütz und versuchen durch kräftiges Drücken die Partnerin aus ihrer Ausgangsstellung wegzuschieben. Sieger ist, wer mit dem ganzen Körper die Startlinie überbrückt hat. Während des Wettkampfes müssen die Schultern der Wettstreiterinnen ständigen Kontakt halten.

4 *»Weg da!«*

Zwei Schülerinnen sitzen Rücken an Rücken auf dem Boden oder im Reitersitz auf einer Bank. Auf ein Zeichen versuchen sie, ihre Partnerin über eine Markierung zu drücken.

5 *Kampf um den Ball*

Zwei Schülerinnen befinden sich auf einem ausgelegten Mattenboden. Sie erhalten einen Medizinball, den beide zur Vorbereitung des Wettkampfes fest umschlingen. Auf das Kommando des Spielleiters versuchen sie nun, sich gegenseitig den Medizinball zu entreißen. Dabei ist der Ball mit beiden Armen festzuhalten und durch Ziehen, Drücken, Stoßen und Drehen dem Partner abzuringen.

6 *»My home is my castle«*

Auf einen Mattenboden wird eine Weichbodenmatte gelegt, um die sich die Gruppe kniet. Zwei Schülerinnen sind auf dem Weichboden. Auf ein Kommando versuchen sie, sich gegenseitig von der Matte zu ringen. Schläge, Stöße und Tritte sind verboten. Eine Kämpferin kann durch Zuruf oder Abschlagen den Zweikampf beenden lassen. Wenn eine Schülerin mit einem Körperteil den Weichboden verlässt, ist sie besiegt. Die Gruppe hat die Aufgabe, die Kämpferinnen bei einem Sturz von der Matte zu schützen.

7 *Tauziehen*

Zwei gleich große Gruppen stehen neben einem Tau und sollen es auf Kommando ergreifen und die Gegnerinnen über eine Markierung ziehen. Mögliche Ausgangspositionen: Sitz, Bauch-, Rückenlage.

8 *Beinhakeln*

Auf einem ausgelegten Mattenboden legen sich zwei Schülerinnen entgegengesetzt dicht aneinander auf den Rücken. Sie hakeln ihr inneres Bein in den Kniekehlen ein und nehmen die Hände auf den Bauch. Auf ein Zeichen versuchen sie, durch kräftigen Druck der ineinander gehakten Beine sich in den Hochsitz zu bringen.

9 *Vorübungen zur Selbstverteidigung aus der Bodenlage*

Die beiden folgenden Übungen dienen der Vorbereitung einer Verteidigung am Boden in der Rückenlage. Die komplexe Selbstverteidigungsaktion (S. 52) sollte erst dann geübt werden, wenn die Schülerinnen diese beiden Übungen beherrschen.

Erste Übung: Abwerfen

Auf dem Boden werden zwei Turnmatten ausgelegt. Eine Schülerin legt sich mit dem Rücken auf eine der Matten, eine Partnerin setzt sich im Kniesitz auf sie und verschränkt ihre Arme vor dem Körper.

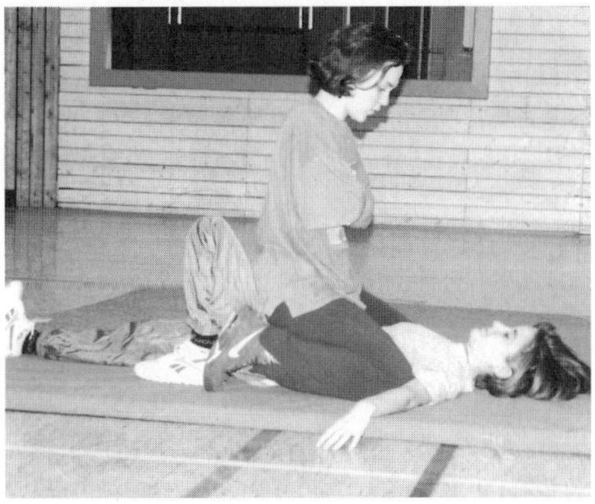

Das »Opfer« stellt den der Mattenkante zugewandten Fuß eng am Gesäß auf. Mit einem explosiven einseitigen Hüftstoß soll die Partnerin auf die zweite Matte abgeworfen werden. Dieser Hüftstoß zur Seite muß kraftvoll und betont ausgeführt werden, sonst läuft man Gefahr, sich unter dem »Täter« von der Rücken- in die Bauchlage zu drehen.

Zweite Übung: Fersenschlag

Nachdem der »Täter« abgeworfen wurde, wird die Selbstverteidigungsaktion mit dem Fersenschlag abgeschlossen.

Diese Selbstverteidigungstechnik kann man sehr gut mit Hilfe eines Medizinballes einüben. Ausgangshaltung dieser Übung ist die Rücklage mit angestelltem Bein. Der Medizinball auf der gegenüberliegenden Seite stellt das Trittziel am abgeworfenen Täter dar (Kopf oder Genitalbereich).

Stütze dich schnell auf deinen Ellenbogen auf und fixiere das Ziel deiner Verteidigungsaktion.

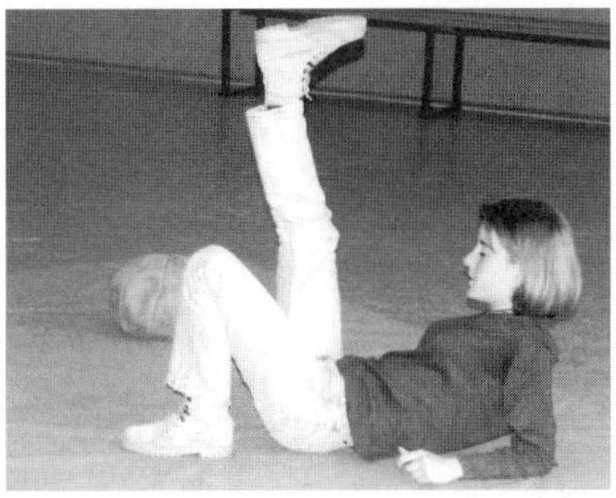

Gleichzeitig reißt du dein dem Medizinball zugewandtes Bein mit einem kräftigen, bogenförmigen Schwung nach oben. Ziehe die Zehen des Trittfußes in Richtung Schienbein an, damit du das Ziel mit der Ferse treffen kannst.

Um dein Ziel genauer zu treffen, mußt du mit der Trittausführung dein Gesäß zum »Täter« hindrehen. Dreh- und Schlagbewegung sollen sich gegenseitig unterstützen und die Technik mit einem explosiven Abwärtsschlag aus der Hüfte beendet werden. In dieser Position kannst du dann, wenn deine Technik nicht die gewünschte Wirkung zeigt, weitere Fersenschläge oder -tritte ausführen.

3.2 Reaktions- und Gruppenübungen

1 ***Liegestütz-Wettkampf***

Je zwei Schülerinnen begeben sich Kopf an Kopf auf einem Mattenboden in den Liegestütz. Aufgabenstellung ist, jeweils gleichzeitig die andere Partnerin aus der Stützhaltung in die Bauchlage oder den Kniestand zu bringen. Mit schnellen, wechselnden Armbewegungen sollen sie versuchen, sich gegenseitig den Stützarm wegzuziehen. Die Grätschstellung der Beine im Liegestütz darf nicht zu weit sein, damit die Stützfunktion des oder der Arme gewährt bleibt.

2 ***»Faß mich nicht an!«***

Jeweils zwei Schülerinnen stehen sich auf Armlänge gegenüber. Die eine versucht, mit einer schnellen Handbewegung ihre Partnerin mit den Fingerspitzen an der vorderen Schulter anzutippen. Die andere wehrt die Berührung ab, indem sie mit einem lockeren Hakenblock die vorschnellende Hand der Partnerin zur Seite fegt.

a) Die Schülerinnen üben paarweise und im Wechsel. Da es sich um eine Reaktionsübung handelt, sollten sie bei der Durchführung auf einen unterbrochenen Rhythmus achten und erst langsam die Schnelligkeit der Bewegungsausführung steigern.
b) Im Anschluß an die Blockbewegung wird sofort mit der gleichen Hand ein Handballenstoß zur Nasenspitze der Partnerin ausgeführt. Vorsicht! – ohne Kontakt!
c) Wie b), mit einem zweiten Handballenstoß mit dem hinteren Arm.

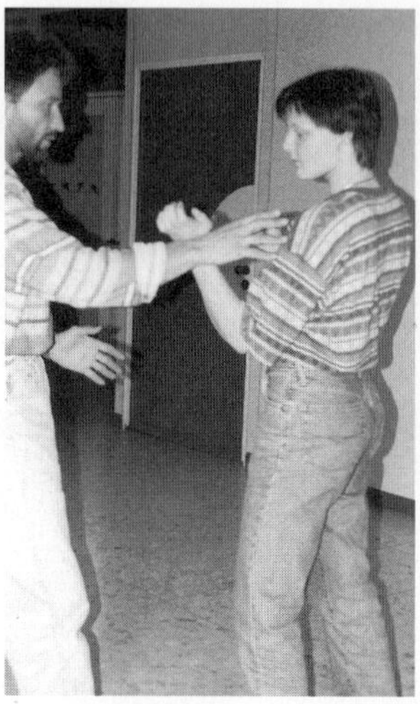

3 ***Hakenblock***

Schlage deinen herabhängenden vorderen Unterarm aus dem Ellenbogengelenk nach oben. Lenke mit der Außenseite des Handgelenks den Arm der Partnerin an deiner Schulter vorbei. Beachte beim Blocken:

- den Winkel von 45° zwischen dem Ober- und Unterarm
- beim Kontakt klappt die Hand locker nach außen
- Ellenbogengelenk des Blockarms bleibt vor der Hüfte
- nur eine knappe Bewegung mit dem Unterarm ausführen

4 ***Blinder Reiter***

In der Halle ist ein Balancier- und Hindernisparcours aufgebaut, der durch Matten abgesichert ist. Paarweise und im Wechsel durchlaufen die Schülerinnen wiederholt diesen Parcours, wobei die eine Partnerin an der Hand geführt wird und mit geschlossenen oder verbundenen Augen den Parcours durchlaufen soll. Die Führerin darf ihr durch steuernde Hinweise helfen.

5 ***Balance-Akt***

Die Schülerinnen balancieren wiederholt hintereinander über Turnbänke, die auf kleine und große Kästen in unterschiedlicher Höhe und Winkel aufgelegt und in Sprossenwände eingehängt sind. Ein rettender Absprung wird durch Turnmatten gesichert.

6 ***Toter Mann***

In einem engen Kreis von sechs Schülerinnen steht eine Mitspielerin. Sie hat die Arme fest an den Körper gelegt und macht sich ganz steif. Durch Schieben, Drücken und Stoßen lassen sie die Mitschülerinnen im Kreis herumwandern. Nach dem ersten Durchgang erfolgt ein zweiter mit geschlossenen Augen.

7 ***Schattenspiel***

Zwei Schülerinnen stehen sich gegenüber. Die eine bewegt sich frei im Raum und wechselt dabei ständig mit tänzerischen Schritten ihre Körperhaltung (eng–weit, hoch–tief, nach rechts und links drehend). Ihre Partnerin hat die Aufgabe, diesen Bewegungen wie ein Schatten zu folgen.

8 ***Tanz auf den Wolken***

Zehn Schülerinnen bilden paarweise, eng nebeneinanderstehend eine Gasse und halten sich im Unterarmgriff an den Händen. Aus der Hocke nehmen sie eine weitere Schülerin auf ihre Arme und werfen diese gleichzeitig, mit steigerndem Schwung in die Höhe und fangen sie wieder auf. Damit die Übung gelingt, müssen die Werferinnen einen gemeinsamen Rhythmus finden. Die Geworfene sollte ganz gerade auf dem Rücken liegen, Kopf im Nacken und ihre Arme eng an den Körper legen.

3.3 Bedeutung der Rollenspiele in der Selbstverteidigung

All die bewussten und oft unbewussten Verhaltensmuster, die die Selbstbestimmung und -behauptung unterdrücken oder lähmen, sollen durch bewusstes Handeln verändert werden.
Als Stegreif- und Strategiespiele konzipiert, ergeben sich in den anschließenden gemeinsamen Gesprächen zahlreiche Möglichkeiten, angemessene und wirkungsvolle Selbstverteidigungsstrategien aufzuzeigen. Um selbstbewusstes Verhalten zu fördern, ist diese Rückmeldung, das »Feedback« aus der Gruppe wichtig. Beobachterinnen und Spielerinnen beschreiben möglichst klar ihre Eindrücke und Gefühlsreaktionen, die die Verhaltensweisen der Darstellerinnen ausgelöst haben. Dadurch erfahren diese, wie ihr Verhalten auf andere wirkt und wie sie selbst auf fremdes Verhalten ansprechen, und werden so bewusst für Verhaltensänderungen sensibilisiert. Mit fortschreitendem Training können sie Opferrollen abbauen und neue, selbstbewusste und selbstsichere Verhaltensweisen ausprobieren und erlernen. Die Spielsituationen können mit Requisiten ausgestattet an Realitätsbezug gewinnen. Um der Ursprungssituation möglichst nahe zu kommen, sind aber Übungen »vor Ort« nötig.
Als motivationsförderndes und methodisches Hilfsmittel empfiehlt sich, eine Videokamera einzusetzen. Die Aufzeichnung ermöglicht ein unmittelbares Feedback und erlaubt, das Band an bestimmten Stellen anzuhalten oder einzelne Sequenzen wiederholt zu betrachten. Diese Analyse der Verhaltensausführungen erleichtert eine revidierte Rollenübernahme.
Die Übungen können nur als Hilfe zur Selbsthilfe verstanden werden. Letztlich ist der Erfolg wesentlich davon abhängig, ob es den Schülerinnen ernsthaft gelingt, die Ziele der einzelnen Übungen zu verwirklichen. Diese deutlich zu machen, erfordert einerseits genaue Übungs- und Rollenanweisungen durch den Lehrer. Andererseits sind die Gespräche in der Gruppe wichtig, um weitere Einsichten zu festigen.
Das erste Ausprobieren der einzelnen Übungsformen ist ein wichtiger Schritt, um den Schülerinnen die Möglichkeit zu geben, sich zu öffnen, damit sie bei Wiederholungen frei, mit Kopf, Herz und Hand mitüben können.
Ein grundsätzliches Problem entspringt den unterschiedlichen Aufgabenstellungen. Die Schülerinnen sind aufgefordert, zugleich spontan und kreativ zu sein. Auch hier ist es Aufgabe des Lehrers, genügend Raum zu geben, damit sie ihre Vorstellungen und Ideen frei entfalten. Erst mit fortschreitender Übung sollten unangebrachte Verhaltensweisen in Gesprächen aufgezeigt und korrigiert werden, ohne die individuell geprägten Ausdrucksformen der übernommenen Rolle persönlichkeitsverletzend zu kritisieren.

Der Ablauf der Rollenspiele gliedert sich in vier Phasen:

1. Phase: Information	*Zuteilung der Rollen und Aufgaben*
2. Phase: Rollenspiel	*Durchführung und Beobachtung durch die Gruppe*
3. Phase: Reflexion	*Gespräch und Analyse mit den Spielern in der Gruppe*
4. Phase: Revidiertes Rollenspiel	*Umsetzung der Einsichten und Erkenntnisse aus der Reflexionsphase (Verhaltensübung)*

1. Phase: Die Phase der Information übernimmt der Lehrer, der die Spielidee vorstellt und die Akteurinnen auf die offene, individuelle Ausgestaltung ihrer Rollen hinweist.

2. Phase: Aufgabe der Phase der ersten Durchführung des Rollenspiels ist es, den Interaktionspartnern durch ihre Darstellung erste Erfahrungen zu ermöglichen. Sie sollen in ihrer Rolle sensibilisiert werden für die Wahrnehmung zwischenmenschlicher Situationen. Dazu gehört die Wechselwirkung der verbalen und nonverbalen Kommunikation. Zum einen das Verhältnis von Sprache und Körper, bezogen auf Wortwahl und Stimmlage sowie Körperhaltung, Gestik und Mimik. Zum anderen die Wirkung und Deutung der von den Spielerinnen ausgesendeten Botschaften, Körperhaltung, Gestik und Mimik. In diesen Prozess ist die gesamte Gruppe als Beobachter eingeschlossen.

3. Phase: Die Beobachtungen und Erfahrungen der 2. Phase sind wesentlich für die folgende Phase der Reflexion, in der die Akteurinnen ihre individuellen Verhaltensweisen und die beobachteten Auswirkungen mit denen der Zuschauer vergleichen und analysieren.
Zentrale Aufgabe des von der Lehrperson moderierten Gespräches ist es:

- dass die Schülerinnen erfahren und ihnen bewusst wird, welche Möglichkeiten sie haben, sich mitzuteilen, und wie sie ihre Wünsche und Zielvorstellung klar und deutlich zum Ausdruck bringen und durchsetzen können. Dies ist auf 5 unterschiedlichen Wegen möglich: mit ihrer **Stimme**, mit ihren **Augen**, mit ihrer **Mimik**, mit ihrer **Gestik** und mit ihrer **Kleidung**.
- die Verhaltensweisen, d.h. die verbale Auseinandersetzung und die nonverbale Situation zu deuten, zu ordnen sowie deren Abfolge zu erkennen.
- die sozial unsicheren Verhaltensweisen und auch deren angst auslösende Momente/Situationen aufzudecken.
- verschiedene Möglichkeiten sozialkompetenten, selbstsicheren und selbstbewussten Verhaltens zu diskutieren und alternative Handlungsmuster aufzuzeigen.
- den Schülerinnen Einsichten in das Bedingungsgefüge zwischenmenschlichen Verhaltens zu geben und ihnen die Bedeutung des affektiven Bereiches zu vermitteln.

Diskussionsablauf:
Die Lehrkraft erläutert in einer kurzen Erklärung das Ziel der gemeinsamen Reflexion. Um Hemmnisse zu vermeiden, sollte zuerst das »Opfer« und dann der »Täter« zu Wort kommen, bevor die anderen ihre Beobachtungen kund tun. Die einzelnen Beiträge aus der Gruppe sind als konstruktives Feedback in Form von »Ich-Botschaften« zu formulieren. Die schauspielerische Leistung der Akteurinnen soll nicht Gegenstand der Diskussion sein. Ziel ihrer Beobachtungen und Anregungen sind die individuell unterschiedlichen und situationsabhängigen Lösungswege im Hinblick auf Prävention, Reaktion und Aktion einer sexuellen Belästigung oder Bedrohung.

4. Phase: In der abschließenden Phase des revidierten Rollenspiels sollen die Schülerinnen dann ein rollenadäquates und sozialkompetentes Interaktionsverhalten üben und festigen, indem sie das Besprochene bezüglich Körperhaltung, Sprache, Gestik und Mimik in ihrer Rolle umsetzen.

3.4 Übungen zur Förderung des »Selbst-Bewusstseins«

Die folgenden Übungen bereiten den Schülerinnen viel Spaß, auch wenn manche sie anfangs als bedrückend empfinden. Einigen Schülerinnen fällt es schwer, so aus sich herauszugehen, wie es die Übungen letztlich erfordern. Die Freude und der Spaß der Mitschülerinnen sind hier meist ansteckend, und die Demonstration durch den Lehrer ein wichtiges Hilfsmittel, diese Schülerinnen aus der Reserve zu locken.
Die Übungen 1–3 haben das Ziel, ganz bewusst mit sich selbst in Kommunikation zu treten. Es geht darum, sich nicht als Abbild zu erfahren, sondern als vielschichtiges Wesen mit Kopf, Herz und Hand. Meist ist es die Angst vor dem eigenen »Ich«, die diese Offenheit gegenüber der eigenen Person verhindert und nur eine oberflächliche Betrachtung im Spiegel zulässt.
Zum einen geht es bei den Spiegel-Spielen darum, mehr über sich selbst zu erfahren und im Prozess des Vergleichs von Abbild und subjektivem Meinungsbild neue Erkenntnisse über die eigene Persönlichkeit zu gewinnen. Zum anderen, die Sendequalitäten der eigenen Erscheinung kennen zu lernen und bewusst auf ein selbstsicheres Verhalten hin zu trainieren.

1 *Mein wahres Gesicht*

Die Schülerinnen stellen sich vor dem Spiegel auf und betrachten bewusst, aus nächster Nähe ihr Gesicht. Danach sollen sie mit ihrer Mimik spielen und die unterschiedlichsten Gesichtsausdrücke ausprobieren und bewusst auf ihre Wirkung hin beobachten.

2 *Komplimente machen*

Vor dem Spiegel stehend spricht jede Schülerin mit sich selbst, beobachtet dabei ihre Abbildung und macht ihm in stummer Form immer wieder aufmunternde Komplimente.

3 *So wie ich mich sehe*

Bei dieser Übung betrachten die Schülerinnen ihre Gesamterscheinung vor dem Spiegel.

a) Jede stellt sich stumm die Frage: »Was gefällt mir gut an mir?« und beantwortet sie.
b) Sie experimentieren mit ihrer Gesamterscheinung, indem sie ihre Gestik, Mimik und Körperhaltung ständig verändern.
c) Sie führen ein stummes Selbstgespräch, indem sie sich wie bei einem zufälligen Zusammentreffen begrüßen, über dieses oder jenes unterhalten und sich dabei Komplimente machen.
d) Sie gehen auf ihr Spiegelbild zu und am Spiegel entlang und beobachten sich wie bei einem Schaufensterbummel. Dabei sollen sie bei jedem Durchgang unterschiedliche Gemütszustände vorspielen (Müdigkeit, Stolz, Angst, Freude, Eile, Langeweile, Glück, Wut usw.)
e) Wie Übung d) mit der Aufgabe, eine möglichst positive, selbstsichere und selbstbewusste Ausstrahlung zu verdeutlichen, z. B. durch eine dynamische Körperhaltung, den erhobenen Kopf sowie einen direkten und festen Blick in die eigenen Augen.

4 *In der Fußgängerzone*

Die Übenden gehen in einem abgegrenzten Bereich der Halle kreuz und quer durcheinander und versuchen, durch ihre Körperhaltung, Gestik und Mimik verschiedene Personen in einer belebten Fußgängerzone darzustellen, die aufgrund ihres Berufes oder ihrer Bekleidung unterschiedlich auftreten und sich unterschiedlich verhalten.

5 *Gefühle zeigen*

Die Übenden gehen durch die Halle und sollen nacheinander verschiedene Gefühle zum Ausdruck bringen, z. B. Freude, Wut, Trauer, Müdigkeit, Angst, Stolz und entsprechend ihr Auftreten und Verhalten ändern.

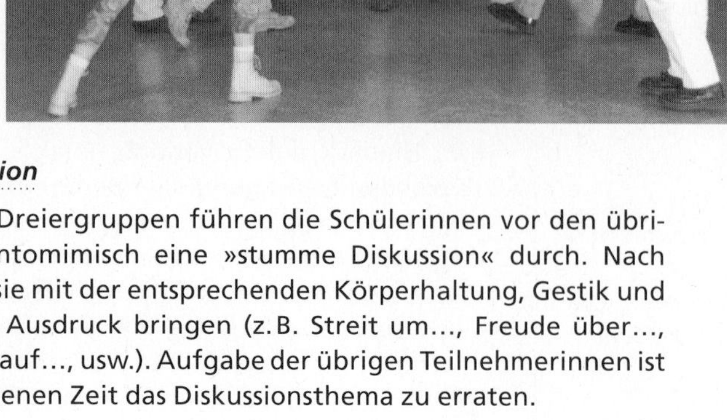

6 *Charadewettkampf*

Zwei Gruppen treten in einem Charadewettkampf gegeneinander an. Jede Gruppe überlegt sich unterschiedliche Situationen, in denen ein bestimmtes Gefühl zum Ausdruck gebracht werden muß und notiert diese auf kleine Zettel. Im Wechsel erhält jede Schülerin aus der Partnergruppe verdeckt einen Zettel mit der Aufforderung, die Situation und das ausgewählte Gefühl der eigenen Gruppe pantomimisch darzustellen. Diese wiederum soll in einer vorgegebenen Zeit (z. B. 30–60 Sek.) die Spielhandlung erkennen und beschreiben.

7 *Stumme Diskussion*

In Zweier- oder Dreiergruppen führen die Schülerinnen vor den übrigen Mitgliedern pantomimisch eine »stumme Diskussion« durch. Nach eigener Wahl sollen sie mit der entsprechenden Körperhaltung, Gestik und Mimik Gefühle zum Ausdruck bringen (z. B. Streit um…, Freude über…, Ärger wegen…, Wut auf…, usw.). Aufgabe der übrigen Teilnehmerinnen ist es, in einer vorgegebenen Zeit das Diskussionsthema zu erraten.

8 *Durch die Gasse gehen*

Die Teilnehmerinnen bilden eine Gasse. Nacheinander geht jeweils eine Schülerin langsam durch diese und wird dabei von der Gruppe beobachtet. Im anschließenden Gespräch tauscht die Gruppe ihre Beobachtungen und Gefühle aus.
In einem zweiten Durchgang sollen die Läuferinnen selbstbewusst auftreten (aufrechte Körperhaltung, forscher Schritt, erhobener Kopf, vorwärtsgerichteter Blick). Dabei versuchen die Schülerinnen der Gasse, die Geherin durch sprachliche »Anmache«, Gestik und Mimik zu beeinflussen.

Selbsterkennung gegen Selbsttäuschung

Erstelle eine Liste von persönlichen Eigenschaften und trage diese in die drei Spalten ein!

Meine positiven Eigenschaften:	**Eigenschaften, die ich an mir ändern möchte:**	**Eigenschaften, die ich neu erwerben möchte:**

3.5 Übungen zur Orientierung und Selbstfindung

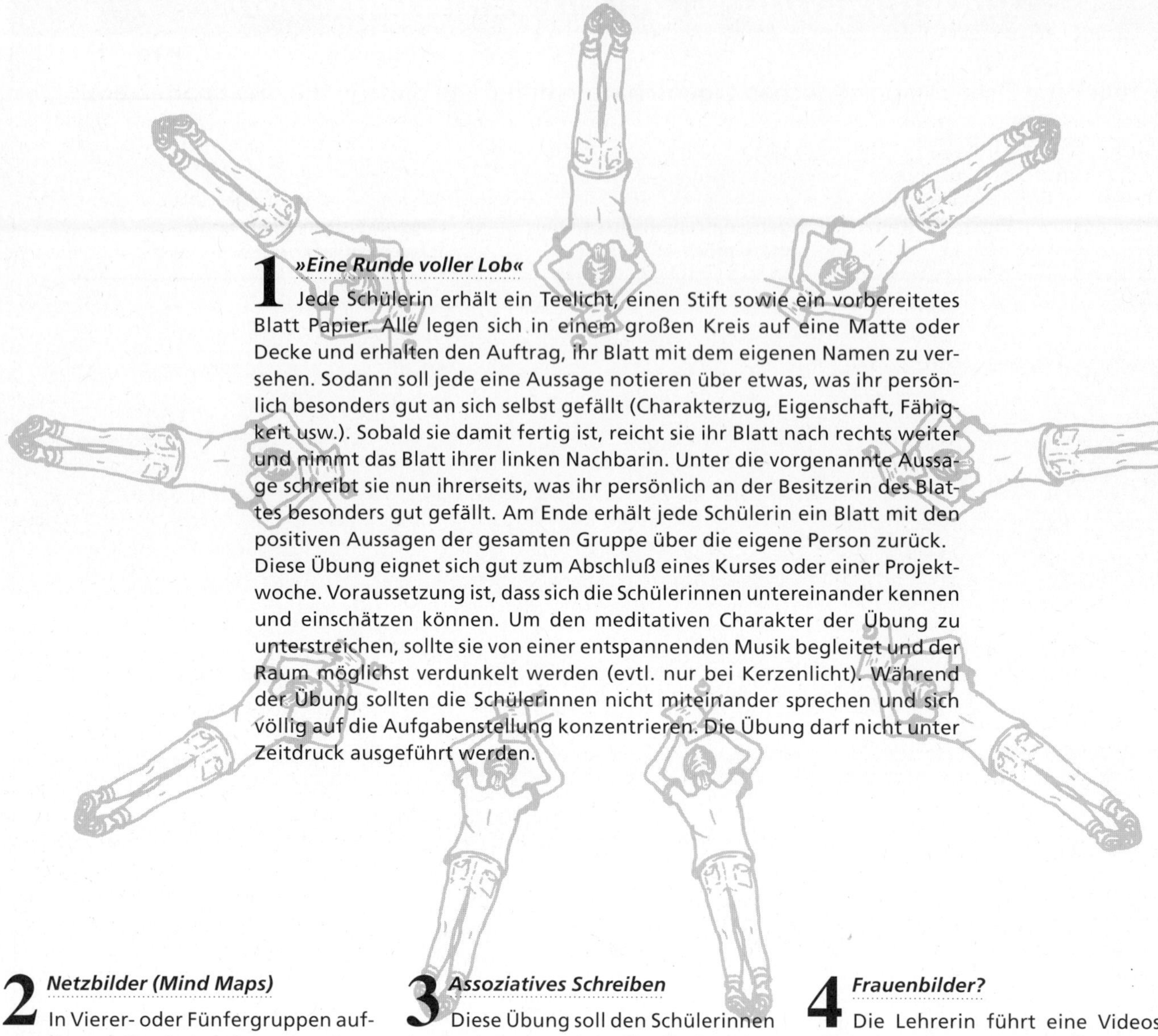

1 *»Eine Runde voller Lob«*

Jede Schülerin erhält ein Teelicht, einen Stift sowie ein vorbereitetes Blatt Papier. Alle legen sich in einem großen Kreis auf eine Matte oder Decke und erhalten den Auftrag, ihr Blatt mit dem eigenen Namen zu versehen. Sodann soll jede eine Aussage notieren über etwas, was ihr persönlich besonders gut an sich selbst gefällt (Charakterzug, Eigenschaft, Fähigkeit usw.). Sobald sie damit fertig ist, reicht sie ihr Blatt nach rechts weiter und nimmt das Blatt ihrer linken Nachbarin. Unter die vorgenannte Aussage schreibt sie nun ihrerseits, was ihr persönlich an der Besitzerin des Blattes besonders gut gefällt. Am Ende erhält jede Schülerin ein Blatt mit den positiven Aussagen der gesamten Gruppe über die eigene Person zurück.
Diese Übung eignet sich gut zum Abschluß eines Kurses oder einer Projektwoche. Voraussetzung ist, dass sich die Schülerinnen untereinander kennen und einschätzen können. Um den meditativen Charakter der Übung zu unterstreichen, sollte sie von einer entspannenden Musik begleitet und der Raum möglichst verdunkelt werden (evtl. nur bei Kerzenlicht). Während der Übung sollten die Schülerinnen nicht miteinander sprechen und sich völlig auf die Aufgabenstellung konzentrieren. Die Übung darf nicht unter Zeitdruck ausgeführt werden.

2 *Netzbilder (Mind Maps)*

In Vierer- oder Fünfergruppen aufgeteilt erhält jede Gruppe einen großen Bogen Kartonpapier und verschiedenfarbige Filzstifte. Die Lehrerin stellt kurz das Thema vor (z. B. Sexuelle Gewalt, Mann–Frau, Angst, Typisch Mann, Typisch Frau, Selbstbewusstsein, Selbstverteidigung, Gewalt-Prävention) und erläutert die Vorgehensweise. Die Themen sollten so gewählt sein, dass sie zu einer regen Diskussion führen, in die jede Schülerin ihre Meinung, Einstellung und Erfahrung einbringen kann. Zum Abschluss der Arbeit in den Gruppen werden die Ergebnisse für alle sichtbar aufgehängt und durch einen zuvor bestimmten Gruppensprecher im Plenum vorgestellt. Nach der Vorstellungsrunde moderiert die Lehrerin eine vertiefende Diskussion über den behandelten Themenbereich.
Die Gruppenarbeit an einem Netzbild eignet sich sowohl als methodisch-didaktischer Einstieg in ein geplantes Thema wie auch zum Sammeln und Strukturieren eines bereits besprochenen Themenkomplexes.

3 *Assoziatives Schreiben*

Diese Übung soll den Schülerinnen in einem Prozess der Selbstfindung bewusst machen, welche Meinung sie zu einem bestimmten Thema vertreten. Nach der kurzen, beispielhaften Einleitung durch die Lehrerin (z. B. eine konkrete Schilderung zum Thema) soll jede Schülerin in einer Phase des Brainstorming spontan notieren, was nach ihrer Meinung zu der Aussage passt.
In einem zweiten Schritt werden die Aussagen zusammengefasst und für alle sichtbar an einer Tafel festgehalten. In der abschließenden Diskussion sollen die Schülerinnen ihre subjektiven Einstellungen und Haltungen überprüfen und in der Auseinandersetzung mit den Aussagen aus der Gruppe neue Einsichten und Erkenntnisse gewinnen.
Themen: Frauen können...; Frauen können nicht...; Männer können...; Männer können nicht...; Ich sage »Ja«, wenn...; Ich sage »Nein«, wenn...; Ich fühle mich als Opfer, wenn...; Ich bin selbstbewusst, wenn...; Ich behaupte mich, wenn...; Es macht mir Angst, wenn...; Ich fühle mich hilflos, wenn...

4 *Frauenbilder?*

Die Lehrerin führt eine Videosequenz zum Thema »Die Rolle der Frau in der Fernsehwerbung« vor. Anschließend werden die Rollenklischees anhand von Mind Maps oder in einer Diskussion analysiert und die gesellschaftlichen Hintergründe des aufgezeigten Frauenbildes besprochen.
Als nächste Aufgabe sollen die Schülerinnen in Kleingruppen Collagen über die Darstellung von Frauen und Mädchen in der Werbung der Printmedien zusammenstellen. Die Ergebnisse werden dann von einer Gruppensprecherin in einem Plenum vorgestellt und das vermittelte Rollenbild der Frau in einer gemeinsamen Diskussion durchleuchtet und nach Absicht und Wirkung hinterfragt.
Beide Vorgehensweisen provozieren einen Vergleich mit dem in der Werbung vermittelten Rollenverständnis von Jungen und Männern mit dem Ziel, ein demokratisch orientiertes sowie auf Gleichberechtigung ausgerichtetes Rollenverständnis von Mann und Frau zu bilden und zu festigen.

3.6 Stimm- und Distanzübungen

1 *Anschreien im Kreis*

Alle stehen im Kreis, strecken seitlich ihre Arme aus und drücken ihre ausgestreckten Handflächen mit den Fingerspitzen nach oben gegeneinander:

a) Die Schülerinnen schreien reihum ein lautes »Nein« oder »Hau ab« zur rechten Nachbarin und schauen ihr dabei entschlossen in die Augen.

b) Reihum mit Richtungswechsel. Die Schülerinnen schreien sich ein »Nein« zu, bis eine mit »Ja« antwortet. Diese Botschaft wird dann in die entgegengesetzte Richtung weitergegeben, bis auf ein »Ja« wieder ein »Nein« folgt und die Richtung erneut gewechselt wird.

2 *»Was ist los?«*

Die Übenden stellen sich in größerem Abstand in drei Reihen in der Halle auf. Die erste Reihe ruft der hinteren Reihe eine Botschaft zu. Die mittlere Reihe soll durch lautes Geschrei und Gebrüll verhindern, dass die hintere Reihe die Mitteilung verstehen kann. Man kann die Übung variieren, indem man die Schüleranzahl der drei Gruppen ändert.

3 *Widersprechen*

Paarweise stehen sich die Übenden gegenüber und berühren mit ausgestreckten Händen ihre senkrecht stehenden Handinnenflächen. Die eine sagt nun immerzu »Ja«, die andere »Nein«. Die Botschaft sollte ernsthaft unter steigendem Wechsel der Ton- und Gefühlslage übermittelt werden (bittend, überzeugend, nüchtern, ernst, bedrohend, brüllend).

1 *Magnetspiel*

Je zwei Partnerinnen stehen sich gegenüber und strecken einen Arm zueinander. Sie halten ihre beiden Handflächen in einem Abstand von etwa 10 cm spiegelbildlich zueinander gerichtet. Die einer Schülerin übernimmt die Führung und versucht mit langsamen, gleitenden Bewegungen die Handfläche der Partnerin zu berühren. Wie bei zwei mit gleichen Polen zueinander gerichteten Magneten, die sich voneinander abstoßen, weicht die zweite Schülerin dem Berührungsversuch aus. Beide sollten sich während der Übung frei bewegen und auch die Höhen und Tiefen des Raumes nutzen.

2 *Geh-Übungen*

Die Übenden bilden eine Gasse und stehen sich paarweise im Abstand von 15 bis 20 Metern gegenüber. Sie erhalten folgende Aufträge:

a) Beide Seiten gehen, wie von einem unsichtbaren Gummiband gezogen, welches am Bauchnabel befestigt ist, aufeinander zu und aneinander vorbei.

b) Die eine Seite bleibt stehen, die andere Seite geht auf ihr Gegenüber zu.

c) Die eine Seite bleibt stehen und die andere geht auf ihr Gegenüber zu. Ohne Einsatz der Stimme, nur durch Gestik und Mimik, soll den Herankommenden ein unmissverständliches »Halt« oder »Stopp« vermittelt werden.

d) Wie Übung c), aber unter Einsatz der Stimme.

4 *»Hau ab!«*

Ähnlich Übung 3, jedoch ohne Kontakt mit dem Gegenüber. Diesmal sagt eine Partnerin »Ja«, die andere kontert mit »Hau ab!«. Körperhaltung, Gestik und Mimik sollen die Botschaft unterstützen.

5 *Anschleichen*

Eine Partnerin sitzt auf dem Boden, die andere schleicht sich von hinten an diese heran und versucht, sie an der Schulter zu berühren. Sobald die sitzende Partnerin ein verdächtiges Geräusch hört, springt sie auf und weist die Aufdringliche mit einem befehlenden »Stopp« oder »Hau ab!« zurück.

6 *Anschleichen*

Wie Übung 5, jedoch soll die sitzende Schülerin die Augen fest verschließen oder sie sollen ihr verbunden werden.

3.7 Siegen durch Nachgeben

Die folgenden Techniken entstammen dem japanischen Aikido. Der Name dieses reinen Selbstverteidigungssystems setzt sich zusammen aus den Begriffen: Ai=Harmonie, Ki=geistige Kraft und Do=Weg. Ziel des Aikido ist, die Kraft des gegnerischen Angriffs mit geschmeidig-kreisförmigen Ausweichbewegungen und gezielt angewendeten Hebeltechniken so umzulenken, dass sie sich gegen den Angreifer selbst richtet.
Die folgenden drei Grundtechniken sind reine Ausweichbewegungen. Sie ermöglichen dir, einen Täter, der dich von vorn angreift, ins Leere laufen zu lassen und eine zweckdienliche Selbstverteidigungsdistanz herzustellen.

1. Schrittdrehung nach vorn (Tenkan-ashi)
2. Schrittdrehung nach hinten (Tenkan-ashi)
3. Doppelschrittdrehung (Tai-sabaki)

Wenn du die Ausweichbewegungen ausführst, musst du die folgenden Anweisungen genau beachten:

- Drehe dich nur über den Fußballen, nicht über den ganzen Fuß.
- Führe die Schrittbewegung – vorwärts oder über den Rücken – halbkreisförmig um deine Körperlängsachse aus.
- Halte deinen Kopf und Oberkörper während der Drehbewegung aufrecht und suche Blickkontakt.
- Steuere die Bewegungen aus der Körpermitte. Das Zentrum deiner Schrittbewegung ist die Hüfte.
- Gleite mit dem Fuß deines Schrittbeines über den Boden ohne ihn anzuheben.
- Führe die Bewegungen schnell, sicher und geschmeidig aus.
- Achte auf dein Gleichgewicht und vermeide geradlinige und hüpfende Bewegungen.
- Nimm die Arme in der Verteidigungshaltung mit der Bewegung deines Rumpfes mit.

Schrittdrehung nach vorn (Tenkan-ashi)

Verlagere aus der Schrittstellung dein Körpergewicht auf den vorderen Fußballen und drehe ohne Unterbrechung dein hinteres Bein in einer gleitenden, bogenförmigen Bewegung vor deinem Körper um 180 Grad nach vorn. Drehe dabei aus der Hüfte deinen aufrecht gehaltenen Kopf und Körper so weit, bis du wieder in der Schrittstellung genau in die entgegengesetzte Richtung schaust.

Übungsformen

1. Die Schülerinnen üben die Meidbewegung ohne Partnerin sowohl mit dem rechten als auch mit dem linken Bein vorwärts. Zur besseren Kontrolle der Ausgangs- und Endstellung wählen sie sich eine Bodenmarkierung in der Halle.
2. Aus dem Gehen entlang einer Bodenmarkierung führen die Schülerinnen im Wechsel die Meidbewegung rechts oder links aus.
3. Eine Partnerin ist der »Täter« und stürmt in der Absicht, ihr Opfer mit beiden Händen zu packen, vorwärts. Das »Opfer« weicht mit einer Schrittdrehung aus, indem es gleichzeitig aus der Verteidigungshaltung den vorderen Arm des »Täters« mit einer kurzen Berührung knapp zur Seite schlägt.

Doppelschrittdrehung (Tai-sabaki)

Aus der Verteidigungsstellung heraus führst du mit dem hinteren Bein einen bogenförmigen Schritt nach vorn aus. Setze deinen Fuß mit den Zehenballen seitlich am Körper vorbei auf und drehe dich mit einem zweiten Schritt weiter über den Rücken, indem du das andere Bein in einem engen Bogen nachfolgen lässt. Durch die vorwärts gerichtete Drehbewegung – sie entspricht einer Wendung um 180 Grad – gleitest du um den Angriff herum, bis du wieder in der Verteidigungsstellung, im Rücken des Täters stehst.

Übungsformen

1. Die Schülerinnen üben die Techniken ohne Partner entlang einer Bodenmarkierung sowohl rechts als auch links.
2. Eine Partnerin steht, die andere gleitet um sie herum.
3. Eine Partnerin stürmt mit ausgestreckten Armen vorwärts. Nach erfolgreicher Meidbewegung wiederholt diese ihren Angriff ein ums andere Mal. Die Verteidigerin lässt sie durch ihre Meidbewegung ins Leere laufen.

Schrittdrehung nach hinten (Tenkan-ashi)

Aus der Selbstverteidigungsstellung bringst du dein Körpergewicht auf den vorderen Fuß und schwingst dein hinteres Bein in einem leichten Bogen über den Rücken um 180 Grad nach vorn. Drehe dabei, in aufrechter Haltung, Kopf und Körper über den Fußballen des vorderen Fußes mit, bis du wieder in der Schrittstellung genau in die entgegengesetzte Richtung schaust.

Übungsformen

1.–3. Wie bei der Schrittdrehung nach vorn.

4. Ausweichen und Distanz herstellen mit einer Schrittdrehung nach hinten.

3.8 Durchsetzungsvermögen und Selbstbehauptung

Die folgenden Übungen sind in ihrer Form einfache Rollenspiele. Wesentlich bei der Durchführung dieser Spiele ist die Aufgabenverteilung. Neben den beiden Akteurinnen und der Umsetzung ihrer Rolle sind die Beobachtungen durch die Groß- oder Kleingruppe wichtiger Bestandteil der Übungen. Sie sollen im anschließenden Gespräch artikuliert und das Verhalten der Spielerinnen besprochen und analysiert werden.
Der Kreativität der Schülerinnen sind keine Grenzen gesetzt, bis auf die Vorgabe, sich nicht in Handgreiflichkeiten zu verwickeln.

1 *Schau mir in die Augen*

Paarweise stehen sich die Schülerinnen in engem Abstand gegenüber und nehmen eine selbstsichere Haltung ein. Ziel ist es, der Partnerin direkt in die Augen zu blicken und so lange stand zu halten, bis eine von ihnen den Blickkontakt abbricht oder ihre selbstsichere Mimik aufgibt.

2 *Quatsch mich nicht voll*

Je zwei Partnerinnen sitzen sich auf dem Boden gegenüber. Die eine erzählt eine von ihr frei erfundene Geschichte oder ein Erlebnis. Die andere hat die Aufgabe, die Erzählerin in ihrem Redefluss durch verbale Attacken zu stören.

3 *Lass mich in Ruhe*

Wie Übung 2, jedoch mit dem Hinweis, die Störaktionen durch Gestik, Mimik und Gemütsäußerungen zu steigern.

4 *Nimm die Jacke*

Die Gruppe verteilt sich paarweise im Raum. Eine Partnerin hat einen Gegenstand, z. B. eine Jacke, mit der Aufgabe, ihr Gegenüber dazu zu bringen, die Jacke anzunehmen oder anzuziehen. Die andere muss die Bemühungen ihrer Partnerin ohne handgreiflich zu werden vereiteln.

5 *Das Geschenk*

Wie Übung Nr. 4, diesmal mit dem Ziel, der Partnerin ein Geschenk (ein beliebiger Gegenstand) zu überreichen. Diese wiederum muss mit allen möglichen Sachargumenten ablehnen, das Geschenk anzunehmen.

6 *Ich setz mich durch*

Je zwei Schülerinnen treten in einem Wettstreit gegeneinander an. Ihre Aufgabe ist es, sich ihrer Rolle entsprechend zu behaupten und durchzusetzen.

a) Die gesamte Gruppe wird in Paarungen aufgeteilt, die sich in der Halle verteilen. Alle üben gleichzeitig ihr Durchsetzungsvermögen.
b) Die Gruppe beobachtet die szenische Darstellung zweier Schülerinnen. Im Anschluss daran findet eine gemeinsame Auswertung statt.

Situationen:
- Ein Bekannter will dich nach einer Party mit dem Auto nach Hause fahren.
- Ein Fremder setzt sich in einem leeren Zugabteil zu dir und beginnt ein Gespräch.
- Auf dem Weg nach Hause ist Dir ein Mann gefolgt. Du drehst dich um und sprichst ihn an.
- Du liegst im Schwimmbad auf der Wiese. Ein Mann setzt sich direkt neben dich und beginnt ein Gespräch mit dem Ziel, dich für den Abend einzuladen.
- Du beschwerst dich beim Abteilungsleiter eines Geschäftes darüber, dass deine neu gekaufte Jacke beschädigt ist.
- Dein Chef möchte dich erneut für Überstunden einsetzen.

7 *Anmache*

Situationsbezogene Rollenspiele. Die Schülerinnen sollen abwechselnd in solche Rollen schlüpfen, in denen man Opfer von sog. »Anmache« werden kann:

- An der Bushaltestelle
- Im Aufzug
- Im Büro
- Im Auto
- In der Disco
- In der Tiefgarage
- Im Hausflur
- An der Haustür
- Auf einer Parkbank
- Am Geldautomat
- In der Wohnung
- Im Dunkeln

8 *Auf der Straße*

Nachgespielt werden soll eine Situation, wie sie möglicherweise auf der Straße stattfinden könnte. Zwei Personen gehen aus einigen Metern Entfernung aufeinander zu. Die eine hat ein klares Ziel, z. B. einen bestimmten Punkt in der Halle zu erreichen. Die andere übernimmt die Rolle des »Anmachers«. Ihre Aufgabe ist es, durch eine frei gewählte Ansprache den Mitspieler aufzuhalten und von seinem Vorhaben abzubringen.

Was ich will! – Was ich nicht will!

Suche dir eine der folgenden Situationen aus und schreibe alle möglichen Gedanken auf, die dir einfallen auf die Frage, was du in dieser Situation willst und was du nicht willst!

In dieser Situation… (eine Situation bitte auswählen)	… will ich …	… will ich nicht …
○ auf der Party		
○ im Kino		
○ im Schwimmbad		
○ in der Disco		
○ in der Clique		
○ beim Streiten		
○ beim Sport Treiben		
○ in der Pause		
○ ______		
○ ______		
○ ______		
○ ______		

4.1 Hinweise zu den Selbstverteidigungstechniken

Die hier vorgestellten Techniken der Selbstverteidigung beinhalten eine kritische Auswahl, die von der Überlegung ausgeht, nur solche Techniken zu verwenden, die:

- für einen Anfänger leicht zu erlernen sind,
- keine überdurchschnittlichen konditionellen oder motorischen Voraussetzungen erfordern,
- in einer Notlage direkt und effektiv anwendbar sind,
- in ihrer Wirkung eine realistische Selbstverteidigung ermöglichen.

Schwierige und ausgefeilte Techniken sowie solche, die in ihrer direkten Wirkung eher unzulänglich sind, wie z. B. Griffe oder Würfe, sind ausgeklammert. Diese erfordern in einer Notlage ein zu hohes Maß an Bewegungsgefühl und Bewegungserfahrung, welches nur durch ein intensives, jahrelanges Training zu erreichen ist. Dazu gehören auch jene Techniken, die gegen einen an Körperkraft meist überlegenen Mann wenig Erfolg versprechen.
Die Techniken sind in ihrem idealtypischen Bewegungsablauf beschrieben, der in dieser Form in einer Gefahrensituation nicht immer umsetzbar ist. Neben den äußeren Faktoren der jeweiligen Notlage sind es vor allem die inneren Faktoren wie Angst oder Schock, die die Ausführungen der Verteidigungsaktionen wesentlich mitbestimmen.
Viele Bücher zum Thema Selbstverteidigung für Frauen verfolgen die Absicht, jede nur denkbare Not- und Gefahrensituation aufzuzeigen, und versuchen, die Techniken und Technikkombinationen vorzustellen, die zu deren Überwindung möglich oder notwendig sind.
Diese Arbeit ein weiteres Mal zu leisten, ist nicht Ziel des praktischen Teils der Selbstverteidigung.
Die vorgestellten Techniken ergeben ein Repertoire, das der jeweiligen Gefahrensituation angepasst und in dieser, den Möglichkeiten und der Absicht entsprechend, umgesetzt werden kann.
Regelmäßiges und konzentriertes Ausprobieren und Üben auch in den unterschiedlichsten Situationen sind Grundvoraussetzungen für eine wirksame Selbstverteidigung.
Da ein zeitlich begrenzter Selbstverteidigungskurs diesem Anspruch nicht gerecht werden kann, bietet das sogenannte »Mentale Training« eine zusätzliche, effektive Möglichkeit, Selbstverteidigung in ihrer gesamten Bandbreite zu üben.

Die drei Stufen der Selbstverteidigung

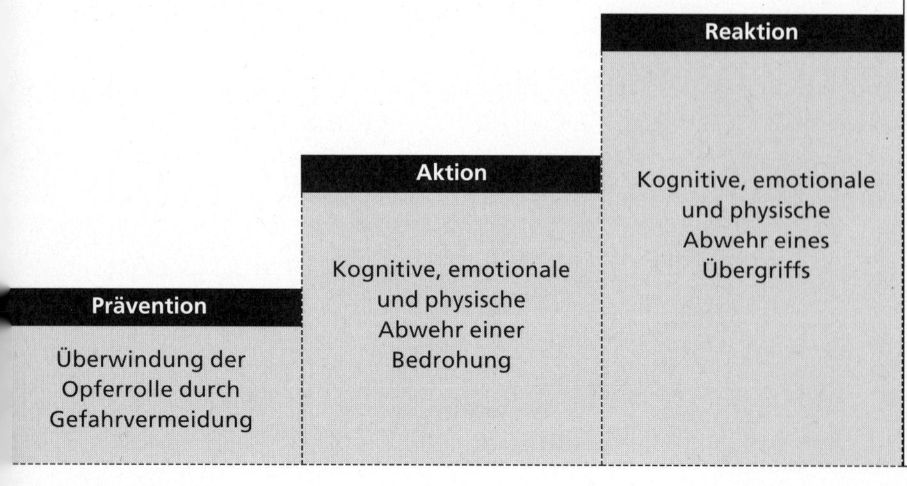

Mentales Training:
Unter mentalem Training versteht man in der Sportwissenschaft die intensive Vorstellung eines Bewegungsablaufs ohne tatsächlichen Bewegungsvollzug mit dem Ziel, die gedachte Aktion zu verbessern. Durch diese innere Realisation kann der Lernprozess beschleunigt werden, da entsprechende neurophysiologische Reaktionen hervorgerufen werden. In Verbindung mit praktischen Übungen hilft das mentale Training in der Selbstverteidigung vor allem, den Bewegungsvollzug der Techniken zu verbessern, die ein gewisses Maß an Bewegungskoordination und Bewegungskombination erfordern.
Von weitaus größerer Bedeutung ist, dass das mentale Training die psychische Vorbereitung und Handhabung einer Verteidigungssituation durch das Vorausdenken bestimmter Gefahrensituationen positiv beeinflussen kann. Stressfaktoren können durch die gedankliche Vorausnahme und Visualisierung eher bewältigt und Schockmomente in ihren Auswirkungen gemindert werden, wenn Verhaltensmuster und Reaktionsweisen in bedrohlichen Situationen als gedankliche Konzepte bereits internalisiert wurden.

Übungsformen des mentalen Trainings:
Die Vorteile des mentalen Trainings liegen auf der Hand. Wann auch immer sich die Gelegenheit bietet, allein oder unter Menschen, drinnen oder draußen, beim Einkauf oder Spaziergang, im Bus, Zug oder Auto, an der Haltestelle, am Schalter oder in einem Lokal, überall lassen sich gedanklich, in Form mentaler Rollenspiele, all die Situationen durchspielen:

1. aus dem Bereich der Prävention: Gefahren vorausdenken und daraus ein Gefahrvermeidungskonzept entwerfen nach dem Motto: »Gefahr erkannt, Gefahr gebannt«, denn jede vermiedene gewalttätige Auseinandersetzung ist eine gewonnene Auseinandersetzung.
2. aus dem Bereich der Aktion: ein gedankliches Handlungskonzept auf einen bevorstehenden sexuellen Übergriff entwerfen nach dem Muster:
   - Was macht mir Angst, was empfinde ich als bedrohlich, was könnte mich gefährden?
   - Wann muss ich handeln, wann ist für mich der günstigste Zeitpunkt?
   - Wie verhalte ich mich, wie reagiere oder agiere ich, welche Folgen bewirke ich?
3. aus dem Bereich der Reaktion: vor dem geistigen Auge Verteidigungsstrategien durchspielen und üben, wie man direkt und effektiv einen stattfindenden Übergriff abwehren kann, indem man auch anwesende Personen als Handelnde in die Visualisierung mit einbezieht.

Innerhalb des Selbstverteidigungskurses lässt sich das mentale Training primär in das autogene Training sowie in die Rollenspiele integrieren.

Traumreise

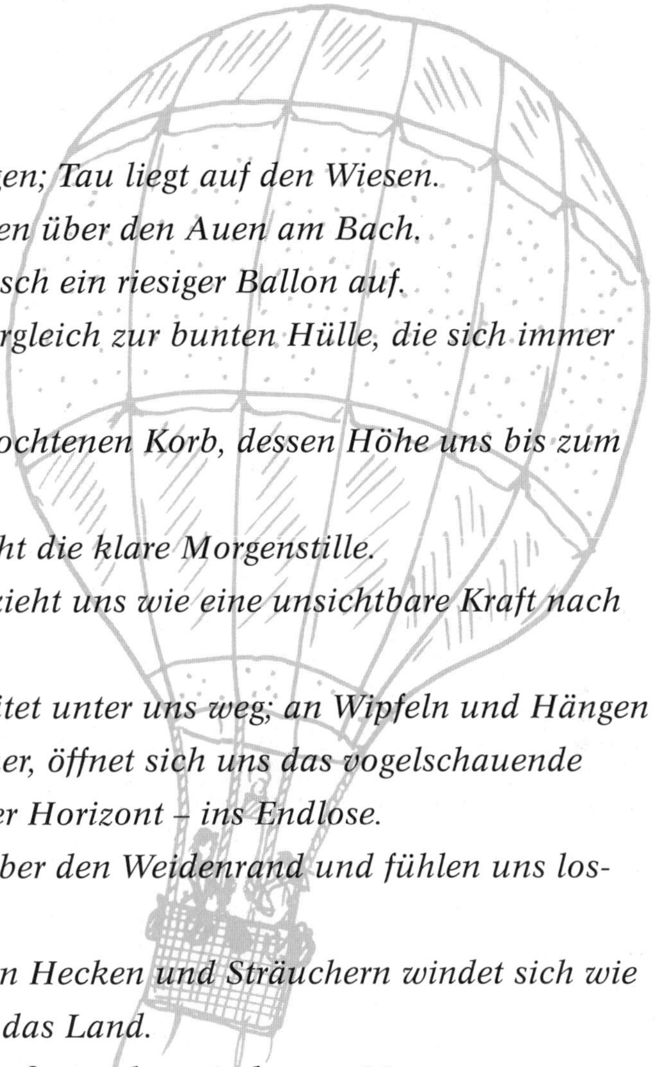

- *Es ist ein klarer Sommermorgen; Tau liegt auf den Wiesen.*
- *Dünne Nebelschleier schweben über den Auen am Bach.*
- *Vor uns richtet sich majestätisch ein riesiger Ballon auf.*
- *Sein Korb wirkt winzig im Vergleich zur bunten Hülle, die sich immer dicker auswölbt.*
- *Wir besteigen den weidengeflochtenen Korb, dessen Höhe uns bis zum Oberkörper reicht.*
- *Ein lautes Zischen durchbricht die klare Morgenstille.*
- *Die heiße Luft des Brenners zieht uns wie eine unsichtbare Kraft nach oben.*
- *Der Boden entschwindet, gleitet unter uns weg; an Wipfeln und Hängen vorbei, immer höher und höher, öffnet sich uns das vogelschauende Panorama, weitet sich uns der Horizont – ins Endlose.*
- *Wir lehnen uns nach vorne über den Weidenrand und fühlen uns losgelöst, ungebunden und frei.*
- *Das Tal des Baches mit seinen Hecken und Sträuchern windet sich wie eine grüne Perlenkette durch das Land.*
- *Felder, Äcker, Wiesen und Straßen weben ein buntes Muster.*
- *Ein sanfter Wind trägt uns lautlos mit sich fort.*
- *Wir haben die Schwerkraft besiegt, ziehen unter blauem Himmel weit über Hügel und Menschen, so winzig.*
- *Die Sonne wärmt das Gesicht.*
- *Der Horizont steigt vor uns auf.*
- *Der Ballon sinkt mit uns durch die Höhe.*
- *Der Boden weit unter uns wächst und wächst.*
- *Sanft tauchen wir in die Landschaft ein.*
- *Die Höhen der Hügel gleiten an uns vorbei.*
- *Die Wipfel der Bäume.*
- *Mit einem kurzen Ruck setzt unser Korb in den Wiesen auf.*
- *Die Erde hat uns wieder.*

4.2 Allgemeine Verhaltensregeln zur Überwindung von Gefahrensituationen

1 *Blickkontakt*

Sei nicht blind. Blicke dem Angreifer fest in die Augen und halte, wenn möglich, Blickkontakt. Dieses selbstbewusste Auftreten verbinde mit einer aufrechten Körper- und Kopfhaltung. Selbstbewusstes und selbstsicheres Auftreten kann dem Täter bereits im Vorfeld den Mut nehmen, dir seinen Willen aufzuzwingen. Ein weiteres, ebenso wichtiges Moment kommt zu diesem ersten noch hinzu:
Ohne das Ziel deiner Verteidigung ins Auge gefasst zu haben, wird dein Tritt oder Schlag mit Sicherheit seine Wirkung verfehlen.

2 *Beobachten*

Deine Beobachtungsgabe, dein Auffassungsvermögen und deine Wachsamkeit sind wichtige Voraussetzungen, um einen sexuellen Übergriff zu verhindern. Sei nicht zu nachlässig oder gedankenlos. Aus den Berichten zahlreicher Opfer von Sexualstraftaten ist bekannt, dass sie die Vorzeichen und ihr Gefühl der Vorahnung oft aus falsch verstandener Sorglosigkeit nicht beachtet oder überspielt haben.

3 *Wachsam sein*

Die innere Wachsamkeit kannst du auch für deine Selbstverteidigung nutzen. Die Formen des »mentalen Trainings«, der geistigen Vorbereitung, werden in allen Bereichen des Hochleistungssports angewendet und ausgenutzt. Übe in Gedanken dein Verhalten in Gefahrensituationen, indem du dir vorstellst, welche Verhaltensweisen und welche Techniken du anwenden würdest, um einen Übergriff zu verhindern oder abzuwenden. Nutze die Zeit dazu an der Bushaltestelle, in der Tiefgarage, im Auto, an der Haustür oder bei einem Einkaufsbummel durch die Stadt. Das gedankliche Durchspielen solcher Situationen stärkt auch dein Selbstbewusstsein, deine Selbstsicherheit und dein Selbstvertrauen.

Sobald du die Gefahrensituation überwunden hast, suche Schutz und Hilfe bei Personen oder Stellen, denen du vollstes Vertrauen schenken kannst. Melde dich unmittelbar bei der Polizei, sie benötigt deine Aussage, nicht zuletzt auch, um weitere Opfer vor dem Täter zu schützen.

Bevor die Selbstverteidigungstechniken näher erklärt werden, sind zwei Grundbedingungen festzuhalten, die noch einmal auf die Bedeutung der Prävention von Gewalt hinweisen:

- Die Beschreibung der Techniken erfolgt in der »Du-Form«. Dies soll deutlich machen, dass, wer immer diese Techniken anwendet, auch Handelnder ist und als »Täter« die Verantwortung für sein Tun übernehmen muss.
- Man versuche, wenn möglich, sich so zu verhalten, dass man Gefahrensituationen vermeidet oder frühzeitig verhindert, indem man eindeutige Botschaften aussendet und Signale setzt, die klar und unmissverständlich zeigen, was man will oder nicht will.

Die 10 Prinzipien einer effektiven Selbstverteidigung:

1. **Orientierung**
   Ausnutzung des äußeren Milieus
2. **Ablenkung**
   Verschleierung der Verteidigungsabsicht
3. **Stand**
   Erhaltung des statischen und dynamischen Gleichgewichts
4. **Distanz**
   Entfernung vom Täter
5. **Timing**
   Zeitpunkt der Aktion oder Reaktion
6. **Ansatzlosigkeit**
   Vermeidung von Ausholbewegungen
7. **Schnelligkeit**
   Umsetzung der biomechanischen Prinzipien
8. **Technik**
   Situationsabhängiger, adäquater Einsatz
9. **Ziel**
   Trefferfläche
10. **Wirkung**
    Absicht der Verteidigung

Diese Prinzipien sind bei der Anwendung der Selbstverteidigungstechniken von größter Bedeutung. Damit diese ihre gewünschte Wirkung erzielen und den Täter von seinem Vorhaben abhalten, müssen sie zusammenwirken. Achte deshalb beim Üben der einzelnen Techniken, besonders aber bestimmter Verteidigungsabläufe darauf, sie umzusetzen. Sie sind entscheidend für den Erfolg oder Misserfolg deiner Verteidigungsaktion in einer Notlage.

4.3 Allgemeine Hinweise zur Ausführung der Selbstverteidigungstechniken

1 *Techniken aus der Verteidigungshaltung*

Alle Techniken, mit Ausnahme der Bodentechniken, sind aus der sogenannten Verteidigungshaltung erklärt. Im Unterricht sollen sie aus dieser Haltung erklärt, demonstriert und geübt werden.

2 *Sportmotorische Grundlagen nutzen*

Nutze die wichtigsten sportmotorischen Grundlagen, um deine Selbstverteidigungstechniken mit größtmöglicher Wirkung ausführen zu können. Dazu gehören die motorischen Eigenschaften wie Kraft und Schnelligkeit, die Bewegungskoordination, als Verknüpfung einzelner Bewegungsabschnitte sowie die Automatisierung ganzer Bewegungsabläufe. Fundament deiner Verteidigungstechniken bilden jedoch die »biomechanischen Prinzipien«. Die wichtigsten sind in der folgenden Übersicht zusammengefasst.

Das Prinzip der Anfangskraft:
Versuche in der Verteidigungsstellung eine Haltung einzunehmen, die es dir erlaubt, möglichst schnell zu agieren und zu reagieren. Setze die Vorspannung deiner Muskeln ein, wie ein bereits gespannter Bogen, indem du z. B. die Beine leicht beugst und deine Arme vor den Körper bringst.

Das Prinzip der Koordination von Teilimpulsen:
Jede Technik entsteht aus einer Summe von Einzelbewegungen deiner Muskulatur. Beachte, dass die Energie und Wirkung eines Trittes oder Schlages davon abhängt, ob du diese Einzelbewegungen flüssig miteinander verbinden kannst, so dass sich diese in Schlag-, Stoß- oder Trittrichtung tragen und gegenseitig unterstützen.
Übe locker und entspannt und versuche, die Energie deines ganzen Körpers einzusetzen, indem du die Techniken mit einem explosiven Kraftimpuls aus den Beinen beginnst, der sich z. B. beim Schlag über Hüfte, Oberkörper, Schlagschulter und Ellenbogen bis in die Hand fortsetzt.

Das Prinzip der Gegenwirkung:
Jede kraftvoll-explosive Bewegung des Körpers besteht aus einer Aktion und einer dieser Aktion entsprechenden Reaktion. Beim Schlag geht die Körperseite des Schlagarmes nach vorn, gleichzeitig bewegt sich die gegenüberliegende Körperseite nach hinten. Nutze dieses biomechanische Prinzip aus, denn beide Bewegungen können sich gegenseitig unterstützen und verstärken. Reiße beim Tritt die Arme an den Körper und schnelle beim Schlag die gegenüber liegende Schulter mit dem Schlag bewusst zurück.

3 *Geschwindigkeit zählt*

Aus den asiatischen Kampfkünsten ist bekannt, dass auch eine kleine und an Muskelkraft einem Mann unterlegene Frau sich wirksam durch Tritte und Schläge verteidigen kann. Die Energie dieser Techniken ist das unmittelbare Ergebnis der Schnelligkeit der Ausführung und nicht der vorhandenen Masse an Muskulatur.
Kinetische Energie = 1/2 × Masse × Geschwindigkeit^2 ($E = 1/2 \times m \times v^2$).
Versuche daher nach den biomechanischen Prinzipien schnell und explosiv deine Techniken einzusetzen.

4 *Wiederholungen und Kombinationen*

Nicht jeder Schlag, Stoß oder Tritt wird sofort die von dir gewünschte Wirkung erzielen. Stelle dich abhängig von der Selbstverteidigungssituation darauf ein, eine Technik explosiv mehrmals hintereinander einzusetzen oder unterschiedliche Techniken in wirkungsvollen Kombinationen miteinander zu verbinden. Diese Formen der Ausführung musst du besonders üben.

5 *Ablenken und Schocken*

Versuche, den Angreifer von deinem Vorhaben, dich zu verteidigen, abzulenken, um deine Technik effektiv anwenden zu können, sei es durch Reden, Spucken, Kratzen oder Beißen. Leiste gezielt Gegenwehr, um die bereits geschilderten negativen Schockreaktionen beim Täter auszulösen, damit du sie zu deinem Vorteil ausnutzen kannst. Eine solche Schocktechnik könnte, bei einer Umklammerung von hinten, ein Kopfstoß rückwärts sein, dem du einen Stampftritt nach unten auf den Fußrücken und einen Ellenbogenstoß rückwärts folgen lässt (siehe S. 52).

6 *Schreien*

Führe jede Technik mit einem kurzen und explosiven Schrei, dem sogenannten Kampfschrei, aus (z. B. »Haa«, »Kaa« oder »Taa«). Dieser Schrei soll zum einen den Angreifer überraschen, erschrecken und beeindrucken, zum anderen deine Entschlusskraft bestärken und diese auf die Techniken zentrieren.
Der Schrei bewirkt zum dritten, dass die vom Körper aufgebrachten Energien durch die kurzzeitige Muskelkontraktion explosiv eingesetzt werden können, so wie es in der Leichtathletik Kugelstoßer und Speerwerfer tun.

7 *Gleichgewicht halten*

Es kann leicht passieren, dass du durch schnelle Aktionen das Gleichgewicht verlierst und dadurch deine Notlage weiter verschlechterst. Achte deshalb auf eine gewisse Körperspannung und bewahre im Stand und in der Bewegung dein Gleichgewicht.

8 *Hand und Fuß fest anspannen*

Um Verletzungen zu vermeiden ist es besonders wichtig, dass du die Hand oder den Fuß, mit dem du den Angreifer treffen willst, fest anspannst und im Gelenk fixierst.

4.4 Verteidigungsstellung und Selbstverteidigungstechniken

Falltechniken

1. Sturz rückwärts (S. 41)
2. Sturz seitwärts (S. 41)
3. Rolle vorwärts (S. 41)
4. Rolle rückwärts (S. 41)

Kopfstöße

1. Kopfstoß vorwärts (S. 49)
2. Kopfstoß rückwärts (S. 49)

Handtechniken

1. Kettenschläge (S. 45)
2. Handballenstoß (S. 46)
3. Handkantenschlag nach hinten (S. 46)
4. Handkantenschlag von oben (S. 46)
5. Handkantenschlag nach unten (S. 46)
6. Handkantenschlag seitwärts (S. 46)
7. Hammerfaustschlag von oben (S. 47)
8. Hammerfaustschlag nach hinten (S. 47)
9. Hammerfaustschlag seitwärts (S. 47)
10. Hammerfaustschlag nach unten (S. 47)
11. Power-Ohrfeige (S. 47)
12. Doppelpressschlag (S. 47)
13. Quetschgriff (S. 47)

Ellenbogentechniken

1. Ellenbogenschlag aufwärts (S. 48)
2. Ellenbogenstoß seitwärts (S. 48)
3. Ellenbogenstoß rückwärts (S. 48)
4. Ellenbogenstoß abwärts (S. 48)
5. Ellenbogenschlag vorwärts (S. 49)
6. Ellenbogenschlag rückwärts (S. 49)

Kniestöße

12. Kniestoß vorwärts (S. 44)
13. Halbkreiskniestoß seitwärts (S. 44)

Die »ultimativen« Notwehrtechniken:

1. Daumendruck (S. 50)
2. Zangengriff (S. 50)
3. Fingerkralle (S. 50)
4. 2-Fingerstich (S. 51)
5. Daumenstich (S. 51)
6. Kehlkopfgriff (S. 51)
7. Handkantenschlag zum Kehlkopf (S. 51)

Tritttechniken

1. Schnapptritt vorwärts (S. 42)
2. Halbkreisschnapptritt (S. 42)
3. Stampftritt vorwärts (S. 42)
4. Stampftritt nach unten (S. 42)
5. Seitwärtstritt (S. 43)
6. Rückwärtstritt gerade (S. 43)
7. Rückwärtstritt seitlich (S. 43)
8. Hackentritt (S. 43)
9. Fersenschlag im Liegen (S. 44)
10. Schnapptritt im Liegen (S. 44)
11. Schnapptritt im Sitzen (S. 44)

Die Verteidigungsstellung soll dich in die Lage versetzen, aus einer geschützten Haltung heraus schnell handeln zu können.
Nimm eine schulterbreit-geöffnete Schrittstellung ein, so dass du seitlich zum Angreifer stehst. Halte deine Arme hoch, die Ellenbogen bleiben am Körper und balle deine Hände zu Fäusten.
Senke deinen Körper leicht ab, indem du die Knie beugst. Dies ermöglicht dir, die Wirkung deiner Techniken durch einen Streckimpuls aus den Beinen zu erhöhen. Blicke den Angreifer an und beobachte seine Absichten.

Die Verteidigungsstellung erlaubt dir:

★ die schnelle Flucht nach allen Seiten
★ die Verteidigung nach allen Seiten
★ einen festen und sicheren Stand
★ dem Angreifer eine schmale Angriffsfläche zu bieten
★ bestmöglich deine Energie in die Selbstverteidigungstechniken zu legen
★ eine Schutz- und Verteidigungshaltung der Arme

4.5 Selbstverteidigungsziele am Körper des Mannes

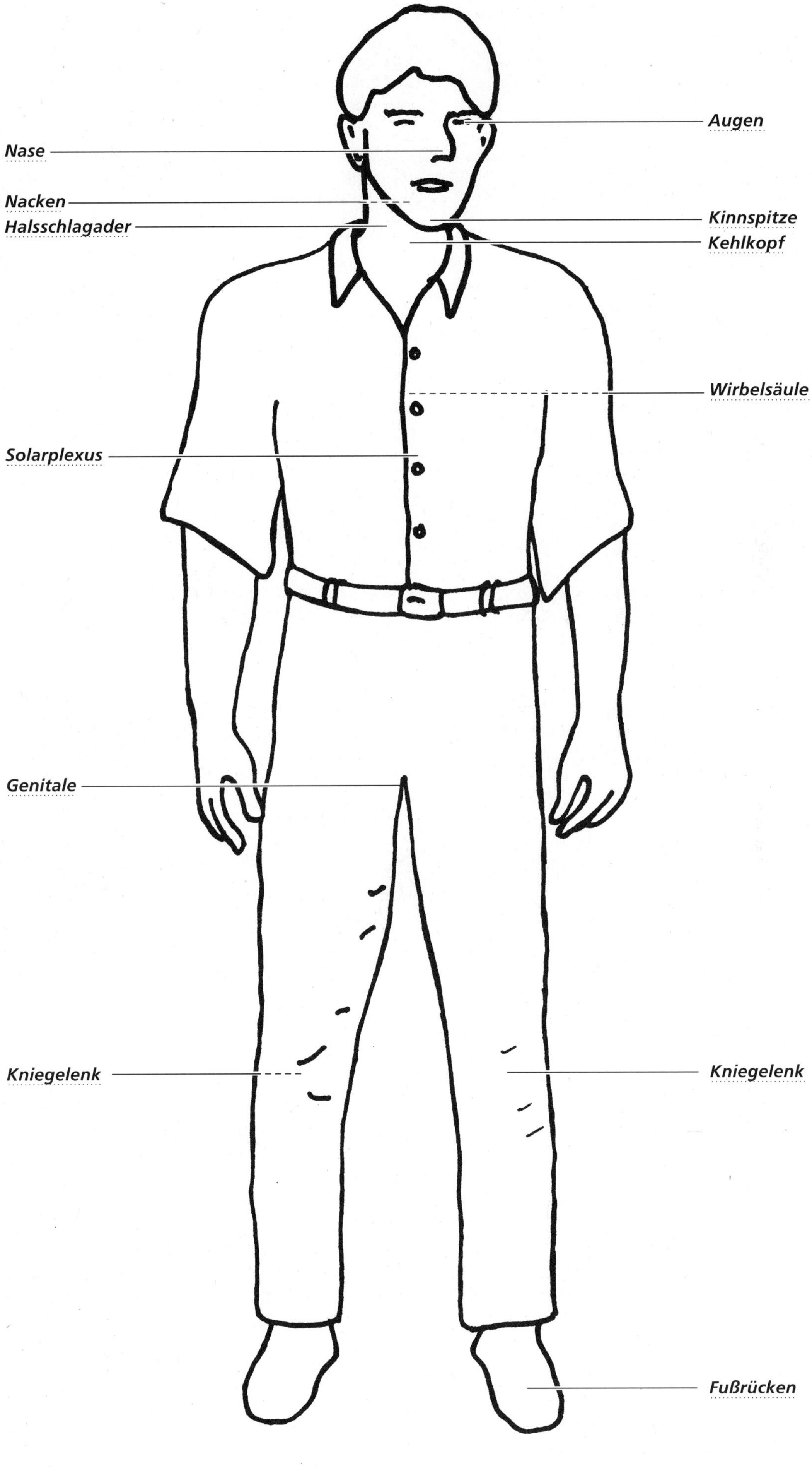

5.1 Fallübungen in der Selbstverteidigung

Stürze in einer Selbstverteidigungssituation verschärfen die Notlage des Opfers in mehrfacher Hinsicht:

1. sie können zu massiven Verletzungen führen,
2. sie verhindern eine schnelle Flucht aus der Gefahrensituation,
3. sie bringen das Opfer meist in eine ausweglose Verteidigungssituation,
4. sie verstärken die Überlegenheitsvorstellung des Täters.

Die aus dem Judo, Jiu-Jitsu und Aikido bekannten Falltechniken können, erfolgreich eingesetzt, die aktuelle Notlage nach einem Sturz entschärfen und eventuell zum Vorteil für weitere Selbstverteidigungsaktionen eingesetzt werden. Falltechniken sind daher ein wichtiger Bestandteil einer wirkungsvollen Selbstverteidigung.

Falltechniken

Die hier vorgestellten Fallübungen unterscheiden sich in ihrer Bewegungsausführung in Rollen und Stürze. Bleibt nach einem Sturz die Bodenlage beibehalten, so ermöglichen es die Rollen, bei korrekter Ausführung wieder in den Stand zu kommen. Man unterscheidet:

1. Stürze:
- rückwärts
- seitwärts

2. Rollen:
- vorwärts
- rückwärts

Wichtige Hinweise zur Ausführung der Falltechniken:

1. Dein Kopf darf nicht den Boden berühren, Verletzungsgefahr!
   Hinweise:
   »Kinn auf die Brust!«, »Schau auf deinen Bauchnabel!«
2. Beim Sturz musst du die Fallkräfte durch Abschlagen mit den gestreckten Armen auf eine möglichst große Fläche verteilen. Dadurch wird die Belastung deines Körpers beim Aufprall vermindert.
3. Leite die Fallenergie durch eine flüssige und enge Rollbewegung ab.
4. Atme beim Bodenkontakt kräftig aus.

Übungshinweise

Die Rollen und Stürze können zuerst aus einer knienden oder gehockten Stellung heraus ausgeführt werden. Ein Weichboden als Unterlage reduziert die Verletzungsgefahr bei Anfängern, erleichtert die Ausführung durch die erhöhte Übungsfläche und verstärkt die Motivation der Schülerinnen durch den Aufforderungscharakter der weichen Unterlage. Der Einsatz dieses methodischen Hilfsmittels erfordert jedoch größte Vorsicht. Innerhalb einer Übungseinheit sollte nicht zu Rollen und Stürzen auf festere Turnmatten gewechselt werden, da sich auf dem Weichboden gewonnene Bewegungserfahrungen nicht unmittelbar auf die veränderte Übungssituation übertragen lässt. Fehlt die nötige Körperspannung, kann dies schnell zu Verletzungen führen.
Bereits in der ersten Erprobungsphase sollten Rollen und Stürze sowohl rechts als auch links geübt werden.

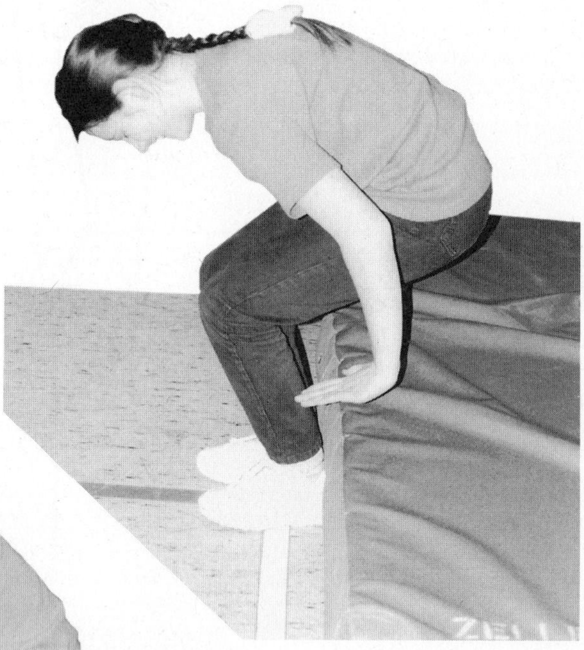

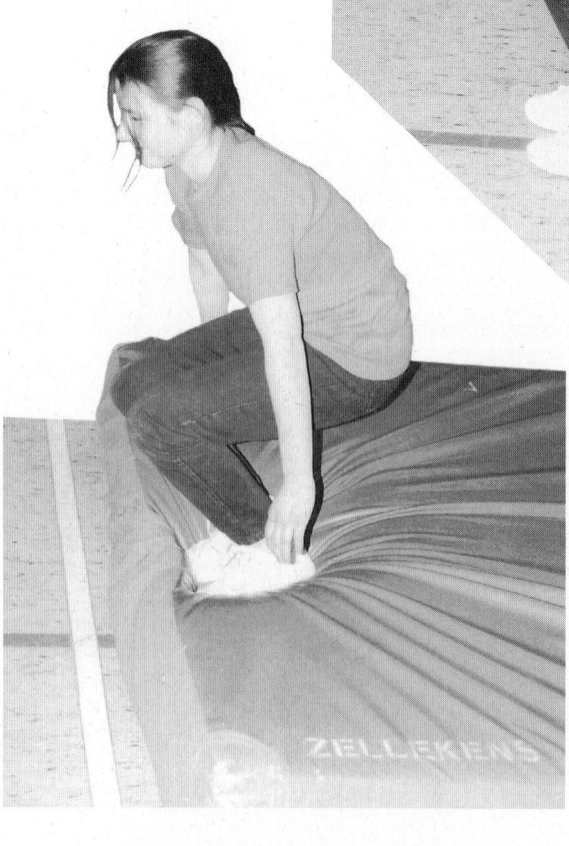

Einführung der Rollen und Stürze

1. Vor dem Weichboden
2. Auf dem Weichboden

1 *Sturz rückwärts*

Aus dem Stand beugst du die Knie und den Körper bis in die Hocke ab. Gleichzeitig kreuzt du deine Arme mit geöffneten Händen vor dem Oberkörper und nimmst dein Kinn auf die Brust. »Schau auf deinen Bauchnabel!« Lehne dich dann leicht nach hinten, bis du dein Gleichgewicht verlierst.

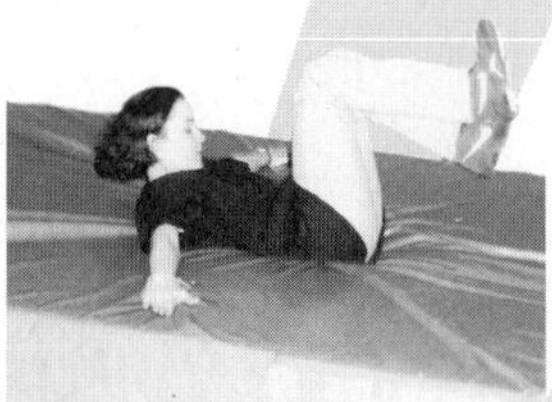

Mit dem Rückwärtsfall über den runden Rücken schlägst du deine ausgestreckten Arme seitlich neben dem Körper auf die Matte, wobei die Handflächen mit den Armen gleichzeitig auf den Boden treffen. Atme dabei kräftig aus. Deine Beine schwingen mit dem Abschlagen der Arme in einer Ausgleichsbewegung nach vorn oben.

2 *Sturz seitwärts*

Aus dem Stand schwingst du das rechte Bein seitlich vor das linke Bein und beugst dabei das Standbein so, dass du zur rechten Seite das Gleichgewicht verlierst.

Gleichzeitig mit dem Schwungbeineinsatz nimmst du deinen gestreckten linken Arm ebenfalls zur Seite.

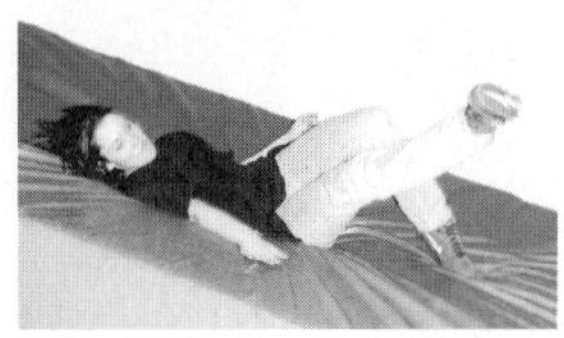

Während du mit deiner linken Körperseite zu Boden fällst, schlägst du den gestreckten Arm mit der offenen Handfläche eng am Körper auf den Boden und atmest dabei kräftig aus. Nimm im Fallen den Kopf auf die rechte Seite und schau auf deinen Bauchnabel.

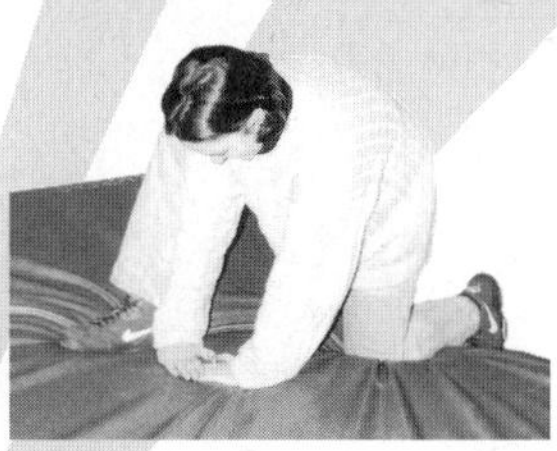

3 *Rolle vorwärts (aus dem Kniestand)*

Aus deiner Schrittstellung kniest du dich nach vorn ab und setzt die Hände in Höhe des vorderen Fußes auf den Boden. Die Fingerspitzen liegen übereinander, Daumen und Zeigefinger bilden ein kleines Dreieck. Beuge deine Arme leicht in den Ellenbogengelenken ein und halte sie unter Spannung.

Mit einem kräftigen Abdruck aus den Beinen rollst du bei der rechten Vorwärtsrolle diagonal nach vorn ab. Die Rolle verläuft über die Handkante, den leicht gebeugten und etwas angespannten rechten Arm, die Schulterpartie, die linke Gesäßhälfte und das gebeugte linke Bein. Nimm das Kinn während des Abrollens seitlich auf die Brust und schau auf deinen Bauchnabel.

Mit etwas Schwung kannst du über das gebeugte linke Bein und den rechten Fuß wieder aufstehen.

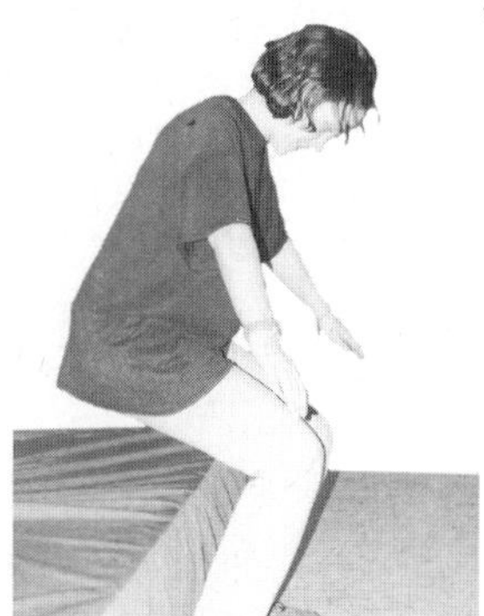

4 *Rolle rückwärts*

Die Rolle rückwärts verläuft genau umgekehrt wie die Vorwärtsrolle.

a) Aus der Schrittstellung heraus beugst du das hintere Bein wie bei einem höflichen Knicks und senkst den Körper weiter ab.
b) Aus der Schlussstellung senkst du den Oberkörper ab, so als wolltest du dich hinsetzen. Die Arme bleiben vor dem Körper.

Sobald du das Gleichgewicht nach hinten verlierst, rollst du zusammengekauert über die rechte Gesäßhälfte diagonal über den Rücken zur linken Schulter ab. Den Kopf musst du mit dem Kinn auf die rechte Schulter nehmen. Schau auf deinen Bauchnabel.

Wenn du über den runden Rücken abrollst, ziehe deine Beine an, damit du direkt auf die Füße kommst und sofort die Verteidigungsstellung einnehmen kannst.

5.2 Tritttechniken und Kniestöße

Allgemeine Hinweise:

Die Tritttechniken
Schnappe oder stoße die Techniken aus dem stark gebeugten Knie heraus ins Ziel. Beuge dabei leicht dein Standbein und achte auf die notwendige Körperspannung im Moment des Auftreffens.

Die Kniestöße
Verwende diese Techniken, wenn sich der Täter in deiner unmittelbaren Nähe befindet oder dich bereits gepackt hat. Führe, wenn notwendig, die Technik mehrmals hintereinander aus gefolgt von einer Hand- oder Ellenbogentechnik.

Tritttechniken / Kniestöße	Zielbereich
1. Schnapptritt vorwärts	Genitalbereich
2. Halbkreisschnapptritt	Knie (innen und außen)
3. Stampftritt vorwärts	Kniebereich
4. Stampftritt nach unten	Fußrücken
5. Seitwärtstritt	Genitalbereich und Knie
6. Rückwärtstritt gerade	Genitalbereich und Knie
7. Rückwärtstritt seitlich	Kniebereich
8. Hackentritt	Genitalbereich
9. Fersenschlag im Liegen	Kopf, Rumpf und Genitalbereich
10. Schnapptritt im Liegen	Kopf und Genitalbereich
11. Schnapptritt im Sitzen	Kopf und Genitalbereich
12. Kniestoß vorwärts	Genitalbereich, Unterleib und Kopf
13. Halbkreiskniestoß seitwärts	Unterleib und Kopf

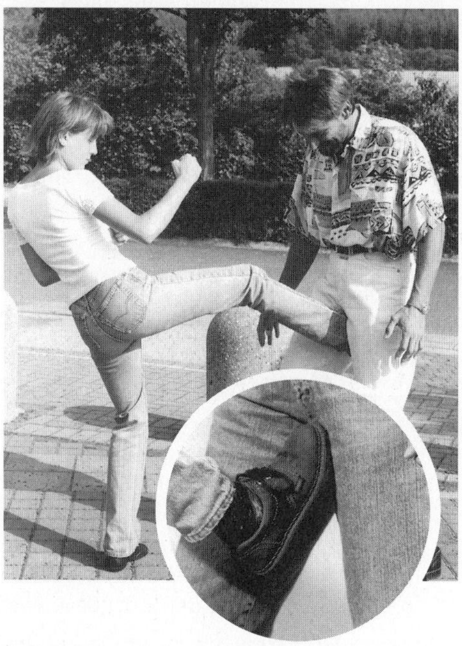

1 ***Schnapptritt vorwärts***
Schnelle das Knie des hinteren Beins gerade nach vorn oben und schnappe gleichzeitig den fest angespannten Fuß peitschenartig aus dem Knie vor. Kontaktfläche ist der obere Fußspann bis in die Fußbeuge und die angespannte Fußspitze.
Ziel: Genitalbereich

2 ***Halbkreisschnapptritt***
Führe den Tritt in einer leicht ansteigenden Kreisbewegung nach vorn aus und schnappe den Fuß aus dem Knie ins Ziel. Du steigerst die Energie des Trittes, wenn du die Hüfte durch einen kräftigen Abdruck aus dem Standbein in die Trittrichtung vorstößt.
Ziel: Knie (innen und außen)

3 ***Stampftritt vorwärts***
Reiße das Knie des hinteren Beines nach vorn oben und drehe dabei den Trittfuß so, dass die Zehen seitlich vom Körper weg zeigen. Je höher du das Knie nimmst, umso kräftiger kannst du in einer stampfenden Bewegung die Ferse nach vorn unten treten.
Ziel: Kniebereich

4 ***Stampftritt nach unten***
Reiße das Knie des Trittbeines nach oben und stoße es kraftvoll aus der Hüfte nach unten. Ziehe den ganzen Fuß nach oben an, damit du das Ziel direkt mit deiner Ferse treffen kannst.
Diesen Stampftritt musst du häufig üben um das Ziel genau zu treffen.
Ziel: Fußrücken

5 ***Seitwärtstritt***

Führe den Tritt nur gegen einen Angreifer, wenn du seitlich zu ihm stehst. Stehst du gerade vor ihm, beansprucht der Tritt zu viel Zeit und Körperbeherrschung, um wirkungsvoll eingesetzt werden zu können.
Reiße das Knie des Trittbeines in einem seitlichen Bogen vor die hintere Hüftseite und stoße den angezogenen Fuß mit der Ferse und hinteren Fußkante kraftvoll in die entgegengesetzte Richtung nach vorn unten.
Ziel: Genitalbereich und Knie

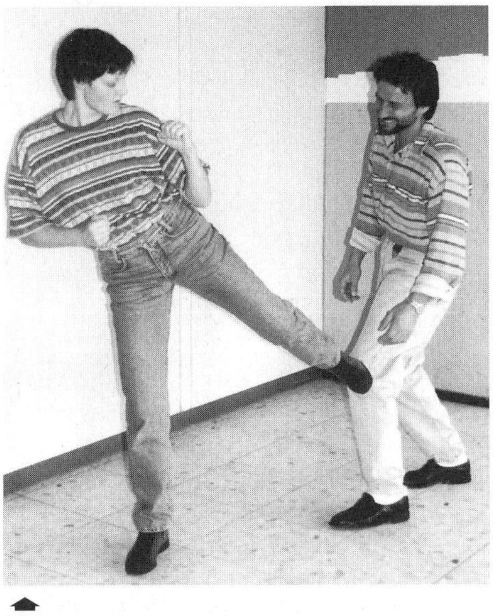

6 ***Rückwärtstritt gerade***

Diesen sehr wirkungsvollen Tritt kannst du aus aller nächster Nähe oder über eine größere Distanz anwenden.
Aus der nahen Distanz:
Steht der Angreifer nahe hinter dir, reiß das Knie des hinteren Beines am Standbein vorbei nach vorn oben und stoße dann die Ferse nach hinten. Schaue dabei über die Schulter der Trittseite und beuge den Oberkörper leicht nach vorn, ohne dein Gleichgewicht zu verlieren. Die zum Schienbein hin angezogenen Zehen zeigen nach unten zum Boden.
Aus großer Distanz:
Steht der Angreifer weiter weg, trittst du mit deinem vorderen Bein direkt nach hinten. Je nach Tritthöhe musst du gleich im Ansatz den Trittfuß höher anfersen.
Ziel: Genitalbereich und Knie

7 ***Rückwärtstritt seitlich***

Bei einer senkrechten Fußhaltung ist es schwierig, mit einem Rückwärtstritt das Knie des Angreifers zu treffen. Drehe daher im Tritt den Fuß wie beim Seitwärtstritt ab, so dass du mit der Ferse bei schräg gestellter Fußkante das Knie des Angreifers treffen kannst.
Ziel: Kniebereich

8 ***Hackentritt***

Der Angreifer steht unmittelbar hinter dir und versucht dich zu umklammern oder hat dies bereits getan. Achte darauf, dass dein Trittfuß vor, aber zwischen den Füßen des Angreifers steht. Schnappe den Fuß aus dem Knie mit den Fersen nach hinten oben, ziehe die Zehen zum Schienbein hin an und lass dabei den Oberschenkel nach unten hängen.
Ziel: Genitalbereich

9 *Fersenschlag im Liegen*

Nach einem Angriff bist du zu Fall gekommen und liegst auf dem Rücken. Schwinge das dem Täter zugewandte Bein gestreckt in einem hohen Kreisbogen weit nach außen und schlage es mit einer kräftigen Bewegung aus der Hüfte mit der Ferse nach unten. Unterstütze die Kreisbewegung des Trittbeines, indem du mit dem Fersenschlag dein Gesäß zum Angreifer drehst.
Ziel: Kopf, Rumpf und Genitalbereich

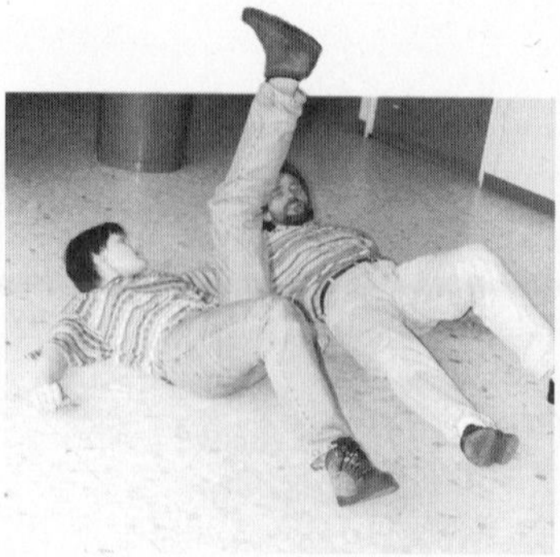

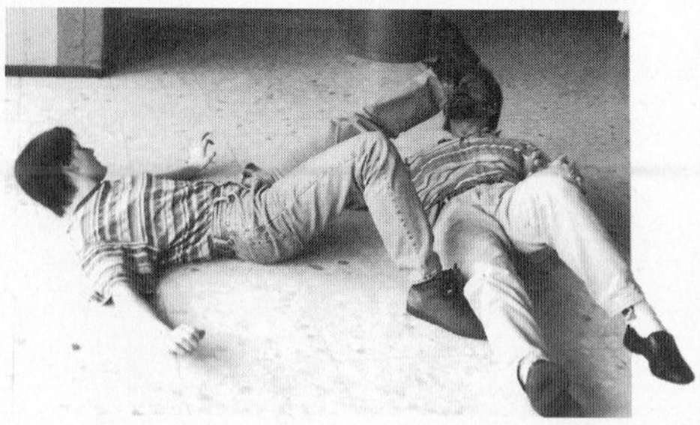

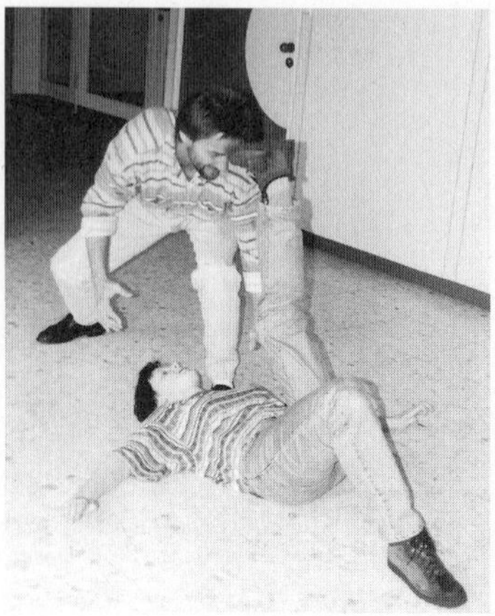

10 *Schnapptritt im Liegen*

Der Angreifer hat dich von hinten gepackt und zu Boden gerissen (Sturz rückwärts). Nutze den Schwung aus und tritt wie beim Schnapptritt vorwärts mit angezogenen Zehen den Fußballen nach hinten über deinen Kopf.
Ziel: Kopf, Unterleib und Genitalbereich

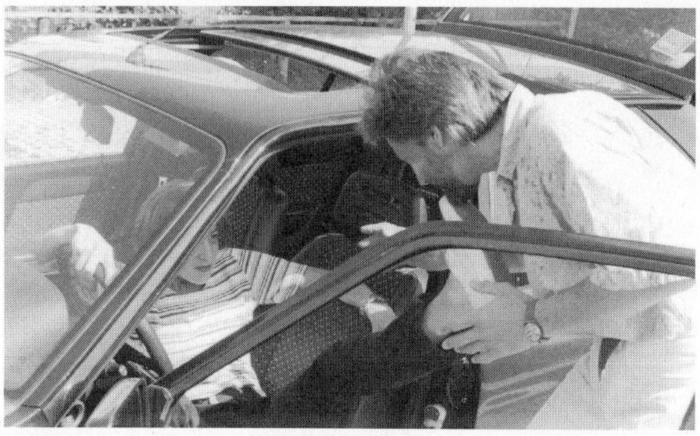

11 *Schnapptritt im Sitzen*

Halte dich wie hier im Auto mit beiden Händen fest, lehne dich leicht zurück und schnappe deinen Fuß aus dem Kniegelenk, je nach Trefffläche mit dem Spann oder Fußballen, ins Ziel.
Ziel: Genitalbereich, Bauch und Kopf

12 *Kniestoß vorwärts*

Greife mit beiden Händen den Kopf oder die Schultern des Angreifers und kralle dich fest.
Gleichzeitig reißt du explosiv das Knie des hinteren Beines nach vorn oben.
Ist die Distanz größer als erwartet oder weicht dir der Angreifer nach hinten aus, stoße deine Hüfte mit einem kräftigen Impuls aus dem Standbein weit nach vorn.
Ziel: Unterleib, Genitalbereich und Kopf

13 *Halbkreiskniestoß seitwärts*

Diese Technik solltest du anwenden, wenn der Angreifer seitlich zu dir steht. Schnelle das Knie in einem Kreisbogen nach vorn oben und stoße mit einer Hüftdrehung aus dem Standbein die Spitze des Knies ins Ziel.
Ziel: Unterleib und Kopf

5.3 Handtechniken

Allgemeine Hinweise:

Der Handballenstoß
Den Handballenstoß solltest du anstelle eines einfachen Faustschlags anwenden. Er ist in seiner Wirkung genauso effektiv, verhindert aber, dass du dich an den Knöcheln und/oder am Handgelenk verletzt.
Die Handkantenschläge
Presse die Finger der gestreckten Hand fest aneinander. Drücke den gebeugten Daumen an die Fingerballen. Spanne das Handgelenk an und schnappe die Hand mit einer explosiven Bewegung aus dem Ellenbogengelenk ins Ziel. Kontaktfläche ist die Kante deines Handballens.
Die Hammerfaustschläge
Balle deine Hand zu einer Faust. Presse dabei den Daumen fest auf Zeige- und Mittelfinger. Die Ausführung dieser Schläge entspricht der der Handkantentechniken.
Die Ohrfeigen
Die hier beschriebenen Techniken sind in ihrer Wirkung härter als normale Ohrfeigen. Verwende diese scheinbar harmlosen Techniken mit besonderer Umsicht. Nutze die normale Ohrfeige zur Ablenkung (Überraschungsmoment), wenn du weitere Techniken anwenden musst.

Handtechniken	Zielbereich
1. Kettenschläge	Kopf
2. Handballenstoß	Nase und Solarplexus
Handkantenschläge	
3. – nach hinten	Nase, Hals und Schlüsselbein
4. – von oben	Nacken
5. – nach unten	Genitalbereich
6. – seitwärts	Nase und Hals
Hammerfaustschläge	
7. – von oben	Nase
8. – nach hinten	Nase
9. – seitwärts	Nase
10. – nach unten	Genitalbereich
Ohrfeigen	
11. – Power-Ohrfeige	Wange und Ohr
12. – Doppelpressschlag	Ohren
13. Quetschgriff	Genitalbereich

1 *Kettenschläge*

Aus der eingenommenen Verteidigungshaltung schlägst du deine beiden Fäuste ununterbrochen nach vorn ins Ziel. Die Energie der Kettenschläge entspringt der explosiven Anspannung der Muskulatur des Schultergürtels, der Ellenbogenstreckung und den fest angespannten Handgelenken. Die Bewegungsrichtung deiner Ellenbogen ist wesentlich für die Wirkung der Schläge. In der Ausgangshaltung stehen sie eng an der Seite des Oberkörpers. Während du die Fäuste nach vorn schlägst, stößt du den Ellenbogen in einer geraden Verlängerung vom Brustbein weg nach vorn. Mit jedem Schlag schnellst du den anderen Arm ebenso gerade in seine Ausgangshaltung zurück. Diese Schlagrichtung von der Körpermitte aus ist für die Kettenschläge auch aus zwei Gründen von großer Bedeutung.
Zum einen schützt dich die schnelle Folge der von deiner Körpermitte ausgehenden Schläge vor Angriffen von vorn, zum anderen finden die geraden Schläge schneller ihr Ziel als Angriffe, die einen Bogen beschreiben wie etwa eine Ohrfeige oder ein Griff in die Haare. Koordiniere die Kettenschläge mit deiner Atmung. Atme bei jedem Schlag kräftig aus oder unterstütze sie mit eindringlich vorgebrachten »Hau ab«-Rufen. Beende die Schlagserie erst dann, wenn der Täter seinen Angriff abbricht.
Ziel: Kopf

Die Kontaktfläche
Die Handrücken und die Außenseite deiner Unterarme bilden eine Gerade. Im Moment des Auftreffens stehen die Fäuste senkrecht, so als ob du einen Hammer halten würdest. Strecke die Arme nicht ganz aus und triff mit den drei unteren Fingerknöcheln das Ziel. Mit etwas Übung erhöhst du die Energie deiner Schläge, wenn du mit dem Auftreffen deiner Faust aus einer leicht abwärts gebeugten Haltung des Handgelenks nach oben schlägst.

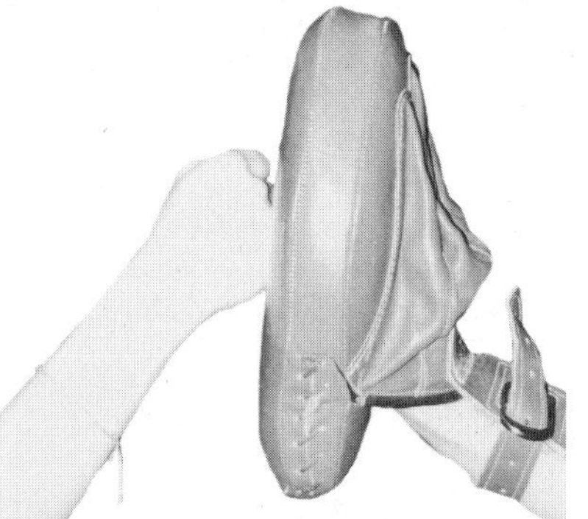

Die Effektivität der Kettenschläge hängt wesentlich von der koordinierten, konsequent vorwärts drängenden Schlagserie ab, die ununterbrochen aus der Vorwärtsbewegung ihr Ziel sucht.

2 Handballenstoß

Winkle die Hand im Handgelenk nach oben an und presse die im ersten Glied gebeugten Finger fest gegeneinander.
Aus der Verteidigungsstellung stößt du mit einem kräftigen Abdruck aus dem hinteren Bein die hintere Hüfte nach vorn. Gleichzeitig stößt du auf geradem Wege deinen Schlagarm aus der Schulter nach vorn und triffst das Ziel mit der Unterkante deines Handtellers. Mit dem Schlag musst du die gegenüberliegende Körperseite bewusst zurückreißen, um die Energie deines Handballenstoßes zu erhöhen.
Ziel: Nase und Solarplexus

Beachte beim Handballenstoß:
Die Wirkung des Handballenstoßes ist, zum Oberkörper gestoßen, meist gering. Trifft der Stoß aber explosiv und genau zum Solarplexus, d. h. die Stelle direkt unter dem Brustbein, wird dem Angreifer zumindest für einen Moment die Luft wegbleiben. Bedenke aber, dass Jacken und Mäntel die Treffgenauigkeit erschweren und die Stoßenergie mindern. Führe daher den Handballenstoß zum Kinn oder noch wirkungsvoller direkt unter die Nasenspitze aus.

3 Handkantenschlag nach hinten

Die Ausführung gleicht der des Schlages seitwärts. Bei der rückwärts gerichteten Technik musst du dich explosiv in Hüfte und Schulter nach hinten drehen. Durch die flüssige Verbindung der Bewegung von Hüfte, Schulter und Schlagarm kannst du noch mehr Energie aufbringen.
Ziel: Nase, Hals und Schlüsselbein

4 Handkantenschlag von oben

Schlage die Handkante des hinteren Armes in einer bogenförmigen Bewegung von oben nach unten. Der Schlag ist umso wirkungsvoller, je weiter du die gesamte Ausholbewegung durch Abdrehen der Schlagschulter nach hinten ausdehnen kannst. Die Schlagenergie kannst du durch ein explosives Eindrehen der hinteren Hüfte nach vorn erhöhen.
Ziel: Nacken

5 Handkantenschlag nach unten

Der Angreifer steht dicht hinter dir. Schlage die Handkante in einer kraftvollen Schnappbewegung aus dem gebeugten Ellenbogen nach hinten unten ins Ziel. Blicke dabei auf den Boden und orientiere dich an der Stellung der Füße und Beine des Angreifers, damit du das Ziel nicht verfehlst.
Ziel: Genitalbereich

6 Handkantenschlag seitwärts

Kreuze die Arme vor den Schultern. Der Schlagarm liegt oben. Schlage zuerst den Ellenbogen des Armes seitlich vom Körper weg und schnappe in einer flüssigen Bewegung den Unterarm mit der Handkante ins Ziel. Aus der Verteidigungsstellung heraus kannst du die Technik mit dem vorderen oder hinteren Arm sowohl nach links oder rechts ausführen. Durch eine Streckbewegung aus den Beinen und die entgegengerichtete Bewegung deiner Arme erhöhst du deine Schlagkraft.
Ziel: Nase und Hals

7 *Hammerfaustschlag von oben*

Spanne die Faust beim Schlag bis ins Handgelenk an.
Ziel: Nase

8 *Hammerfaustschlag nach hinten*

Schließe die Hand kraftvoll zu einer Faust und presse den Daumen fest auf den Zeige- und Mittelfinger.
Ziel: Nase

9 *Hammerfaustschlag seitwärts*

Schlage zuerst den Ellenbogen nach vorn und schappe dann in einer flüssigen Bewegung den Faustballen aus dem Ellenbogengelenk ins Ziel, so als ob du einen Hammer halten würdest.
Ziel: Nase

10 *Hammerfaustschlag nach unten*

Triff dein Ziel mit dem angespannten Handballen.
Ziel: Genitalbereich

11 *Power-Ohrfeige*

Die normale Ohrfeige genügt, um jemanden in die Schranken zu weisen. Bedenke aber die Wirkung deines Handelns. Der Getroffene fühlt sich seinerseits angegriffen und könnte ein Recht ableiten, sich verteidigen zu müssen. Presse für die Power-Ohrfeige alle Finger deiner Hand fest aneinander, Daumen oben auf. Spanne die Hand im Handgelenk an und strecke sie bis zu einer flachen Wölbung. Lass den hinteren Arm fallen und schwinge den gestreckten Arm mit der ganzen Körperseite über Beine, Hüfte und Schulter nach vorn.
Ziel: Wange und Ohr

12 *Doppelpressschlag*

Lasse beide Hände nach unten fallen und schlage sie in einem ansteigenden Bogen mit leicht gebeugten Armen so auf die Ohren des Angreifers, dass der Handteller die Ohrmuschel abdeckt. Wölbe leicht die Handfläche.
Unterstütze die Schlagbewegung, indem du deinen Körper gleichzeitig nach oben streckst.
Ziel: Ohren
Vorsicht!
Der beim Schlag aufs Ohr erzeugte Innendruck kann die Trommelfelle schädigen.

13 *Quetschgriff*

Der Hodenquetschgriff ist eine Selbstverteidigungstechnik, die in den meisten Fachbüchern zur Selbstverteidigung aus ersichtlichen Gründen übergangen wird. In akuter Gefahr kann sie jedoch sehr wirkungsvoll sein.
Verwende diese Technik aber nur, wenn du sicher bist, dass keine engen oder festen Kleidungsstücke einen harten Zugriff verhindern und du von unten zupacken kannst.

5.4 Ellenbogentechniken

Allgemeine Hinweise:

Um das Ziel hart zu treffen, legst du die geöffnete Hand um die geballte Faust des Stoß- oder Schlagarmes und unterstützt mit einem starken Druck die Ellenbogentechnik oder reißt ihn, nach dem Prinzip der Gegenwirkung, kraftvoll in die entgegengesetzte Richtung.

	Ellenbogentechniken	Zielbereich
1.	Ellenbogenschlag aufwärts	Kinn
2.	Ellenbogenstoß seitwärts	Kurze Rippe und Solarplexus
3.	Ellenbogenstoß rückwärts	Kurze Rippe und Solarplexus
4.	Ellenbogenstoß abwärts	Kopf und Rücken
5.	Ellenbogenschlag vorwärts	Kopf und Solarplexus
6.	Ellenbogenschlag rückwärts	Kopf und Solarplexus

1 *Ellenbogenschlag aufwärts*

Schlage den hinteren stark gebeugten Arm mit dem Ellenbogen nach vorn oben. Unterstütze diese Bewegung durch einen kräftigen Abdruck aus den Beinen, der sich über die Hüfte und Schulter bis in den Schlagarm fortsetzt. Wenn die Spitze des Ellenbogens ins Ziel stößt, steht die geballte Faust über der Schulter so, als ob du einen Hammer in der Hand hältst.
Ziel: Kinn

2 *Ellenbogenstoß seitwärts*

Kreuze die Arme vor dem Oberkörper so, dass der Stoßarm unten liegt. Mit einem seitlichen Ausfallschritt stößt du die Ellenbogenspitze mit der Körperbewegung zur Seite weg. Versuche dann gleichzeitig mit dem Aufsetzen des Schrittbeines das Ziel zu treffen. In der Endstellung zeigt der Handrücken des Stoßarmes nach oben. Unterstütze die Stoßbewegung, indem du die beiden gekreuzten Arme kraftvoll in die entgegengesetzte Richtung reißt.
Ziel: Kurze Rippe und Solarplexus

3 *Ellenbogenstoß rückwärts*

Blicke über deine Stoßschulter und strecke den hinteren Arm in einer Ausholbewegung nach vorn aus. Die Stoßrichtung der Ellenbogenspitze verläuft eng am Oberkörper vorbei direkt nach hinten. Der Handrücken der geballte Faust zeigt beim Rückwärtsstoß nach unten.
Ziel: Kurze Rippe und Solarplexus

4 *Ellenbogenstoß abwärts*

Setze diese Technik ein, wenn sich der Angreifer nahe vor dir in gebückter Haltung befindet (z. B. nach einem erfolgreichen Schnapptritt vorwärts). Strecke den hinteren Arm weit nach oben und stoße die Ellenbogenspitze kraftvoll nach unten. Der Handrücken der geballten Faust zeigt dabei nach vorn. Du kannst die Wirkung der Technik verstärken, indem du nach einer Ausholbewegung durch eine Körperstreckung dein ganzes Gewicht nach unten fallen lässt.
Ziel: Kopf und Rücken

Beachte bei den Ellenbogentechniken:
Bei den Stoßtechniken folgt die Ellenbogenspitze einer Geraden. Bei den Ellenbogenschlägen beschreibt diese einen Halbkreis.

5 *Ellenbogenschlag vorwärts*

Schlage den Ellenbogen des hinteren Armes aus der Verteidigungsstellung mit einem kräftigen Abdruck aus dem hinteren Bein in einem aufsteigenden Bogen nach vorn oben. Unterstütze den Abdruck aus dem Bein, indem du die Hüfte aktiv in die Schlagbewegung miteinbeziehst.
Ziel: Kopf und Solarplexus

6 *Ellenbogenschlag rückwärts*

Die Energie der Schlagbewegung entspringt einem kräftigen, rückwärts gerichteten Hüftstoß. In einem aufsteigenden Bogen schlägst du den Ellenbogen mit der Spitze nach hinten.
Ziel: Kopf und Solarplexus

5.5 Kopfstöße

Allgemeine Hinweise:

Kopfstöße kannst du sehr wirkungsvoll in der nahen Distanz einsetzen, z. B. bei Umklammerungen von vorn oder hinten, im Stehen oder Liegen. Bedenke, dass auch ein erfolgreicher Kopfstoß dich dazu zwingen kann, weitere Techniken einsetzen zu müssen. Ein Kopfstoß auszuführen kostet viel Überwindung. Bist du gezwungen ihn anzuwenden, tue es mit aller Konsequenz. Beiße die Zähne fest aufeinander und spanne deine Halsmuskulatur an. Trefffläche beim Stoß vorwärts ist die Stirn am Haaransatz, beim Stoß rückwärts, der obere Hinterkopf.

	Kopfstöße	Zielbereich
1.	Kopfstoß vorwärts	Nase und Kinn
2.	Kopfstoß rückwärts	Nase und Kinn

Achtung!
Übst du Kopfstöße mit einem Partner, musst du besondere Vorsicht walten lassen.

1 *Kopfstoß vorwärts*

Hole kurz mit dem Kopf nach hinten aus und schlage ihn in einer Abwärtsbewegung nach vorn, indem du das Kinn auf die Brust reißt. Spanne dabei deine Hals- und Nackenmuskulatur an.
Ziel: Nase und Kinn

2 *Kopfstoß rückwärts*

Nimm den Kopf auf die Brust und schlage ihn dann mit einer kraftvollen Rückwärtsbewegung nach hinten. Wenn möglich, strecke dich dabei aus den Beinen und stoße den Oberkörper und die Schultern mit.
Ziel: Nase und Kinn

5.6 Ultimative Notwehr

Wichtiger Hinweis zu den Techniken einer Ultimativen Notwehr:

Ultimative Notwehrtechniken darfst du nur in akuter Gefahr für Leib und Leben anwenden, da sie den Täter schwer verletzen können. Fast alle bisher aufgezeigten Techniken sind zu diesen »ultimativen« zu rechnen, wenn du sie korrekt ausführst.
Die folgenden Selbstverteidigungstechniken haben jedoch immer massive Folgen für den Täter, auch wenn sie nicht so hart treffen.
Hier liegt es in deiner alleinigen Verantwortung zu entscheiden, ob du derart bedroht wirst oder ob du in einer so ausweglosen und gefährdeten Notlage bist, dass dir als ultimatives, d. h. letztes Mittel nur noch der Einsatz der folgenden Techniken bleibt. Ist die Gefahr für Leib und Leben gegeben, wende diese Techniken schnell, hart und kompromisslos an.

Ultimative Notwehrtechniken	Zielbereich
1. Daumendruck	Augen
2. Zangengriff	Augen
3. Fingerkralle	Augen
4. 2-Fingerstich	Augen
5. Daumenstich	Augen
6. Kehlkopfgriff	Kehlkopf
7. Handkantenschlag zum Kehlkopf	Kehlkopf

Achtung!
Wegen extremer Verletzungsgefahren diese Übungen nicht direkt am Partner trainieren!

1 *Daumendruck*
Der Täter befindet sich mit seinem Kopf in deiner unmittelbaren Nähe, hat dich umklammert, an den Schultern gepackt oder sitzt vorgebeugt, rücklings auf dir, und du kannst beide Hände frei bewegen.
Ziel: Augen

Beachte bei Angriffen gegen die Augen: Spanne die Finger fest bis ins Handgelenk. Beuge die Finger leicht, damit du dich nicht verletzt. Um genau treffen zu können, musst du Blickkontakt halten und eine große Ausholbewegung meiden. Durch eine anschließende kratzende Bewegung kannst du die Wirkung der Technik erhöhen.

2 *Zangengriff*
Öffne Daumen und Zeigefinger der geballten Faust, bis sie ein weites »U« bilden. Spanne die Finger fest an. Den zustoßenden Griff schließt du mit einer zangenartigen Bewegung ab.
Ziel: Augen

3 *Fingerkralle*
Öffne die Finger deiner Hand zu einer Kralle. Achte auf die notwendige Spannung der gesamten Hand. Du kannst eine stoßartige oder schlagende Bewegung ausführen, die mit einem festen Zugriff endet.
Ziel: Augen

4 2-Fingerstich

Öffne die geballte Faust so, dass Zeigefinger und Mittelfinger ein »V« bilden. Beuge die beiden Finger leicht, um Verletzungen zu vermeiden, damit du mit den Fingerspitzen treffen kannst.
Ziel: Augen

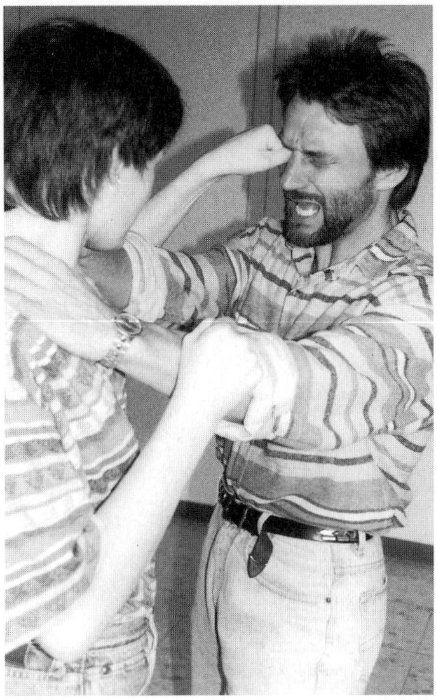

5 Daumenstich

Den Daumenstich kannst du in alle Richtungen ausführen. Balle die Faust und lege den Daumen über das mittlere Gelenk des gebeugten Zeigefingers. Drücke den Daumen fest auf und halte ihn gerade, ohne ihn im vordersten Gelenk abzubeugen.
Ziel: Augen

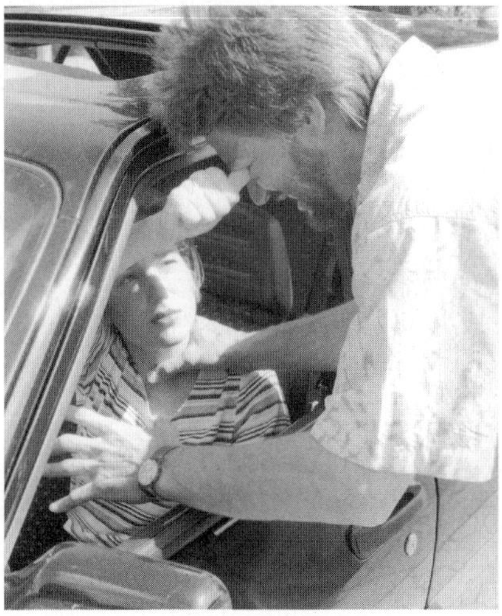

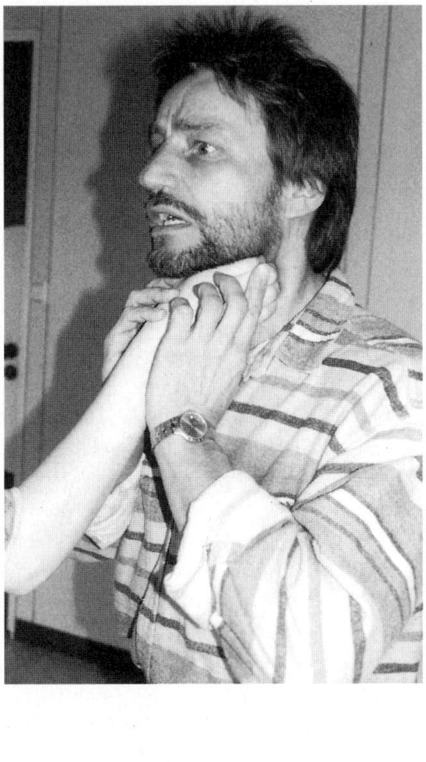

6 Kehlkopfgriff

Greife schnell und hart nach dem Kehlkopf des Täters, drücke fest zu und halte den Griff. Achte darauf, dass du nicht den ganzen Hals umfasst, sondern stoßartig den mittleren Bereich unmittelbar unterhalb des Kinns.
Ziel: Kehlkopf

7 Handkantenschlag zum Kehlkopf

Schnappe deinen Unterarm mit einer explosiven Bewegung aus dem Ellenbogengelenk ins Ziel. Spanne dabei deine Hand bis ins Handgelenk fest an, drücke die Finger hart aneinander und treffe den Hals des Täters mit der Kante deines Handballens.
Ziel: Kehlkopf

5.7 Selbstverteidigungskombination

1 *Selbstverteidigungskombination im Stand*

Diese Kombination lässt sich sehr gut ohne Partner an senkrecht gegen eine Wand gestellten oder zwischen zwei große Kästen eingeklemmten Weichböden üben. Führe nach dem Stampftritt nach unten (Bild 2) einen kleinen Schritt zur Seite aus, um den Ellenbogenstoß rückwärts (Bild 3) wirksam einsetzen zu können. Mache nach dem Handkantenschlag nach unten (Bild 4) einen Schritt vorwärts, um deine Verteidigung mit dem Rückwärtstritt (Bild 5) abzuschließen.

1 Kopfstoß rückwärts

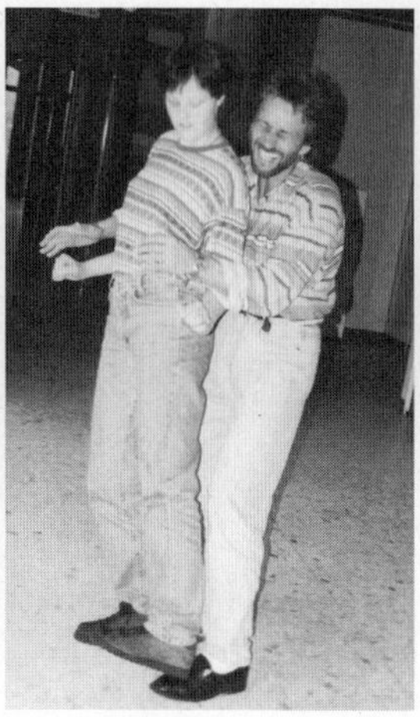

2 Stampftritt nach unten

3 Ellenbogenstoß rückwärts

4 Handkantenschlag nach unten

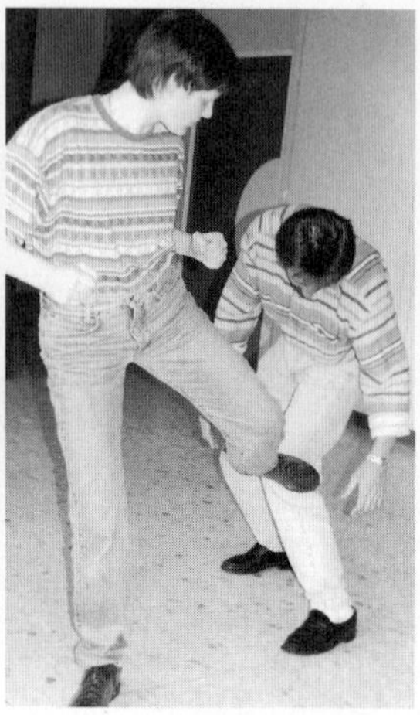

5 Rückwärtstritt seitlich

2 *Selbstverteidigungskombination in der Bodenlage*

Diese Verteidigungsaktion ist eine Verbindung der Übung zum Abwurf und zum Fersenschlag (siehe Seite 23). Sie erfordert intensives Üben, indem du die einzelnen Techniken konsequent einsetzt und in ihrem Ablauf koordiniert, ohne zusätzliche Bewegungen miteinander verbindest. Sei vorsichtig beim Handkanten- und Fersenschlag.

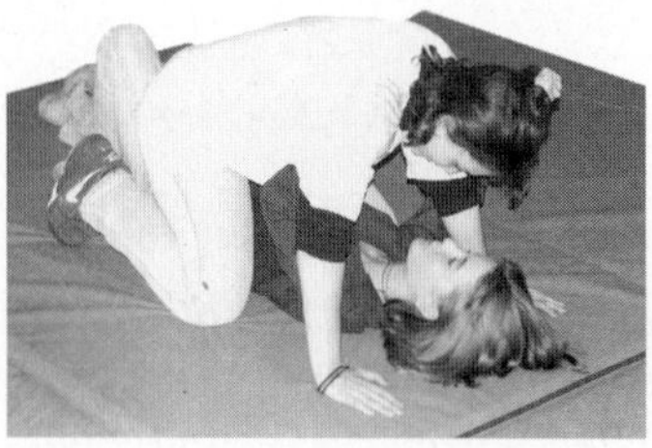

1

Der »Täter« sitzt rücklings auf dir. Sollte er deine beiden Arme gefasst haben, musst du den geeigneten Moment für deine Verteidigung abwarten oder ihn durch ein Störmanöver, z. B. anspucken oder anschreien, dazu bringen dich loszulassen. Ferse einen Fuß schnell an, bringe die Hand der gleichen Körperseite an die darüberliegende Schulter des Gegners und greife mit der anderen Hand von der Seite in seine Haare.

2

Die folgende Bewegung musst du gleichzeitig sowie schnell und kraftvoll ausführen. Stoße die Hüftseite deines angefersten Beines seitlich nach vorn oben, drücke explosiv die Hand an der Schulter in die gleiche Richtung und ziehe mit der anderen Hand unerbittlich den Kopf des »Täters« zur Seite. Wesentlich ist, dass du Hüftstoß, Schulterdruck und Zug an den Haaren überraschend, konsequent und mit aller Härte einsetzt.

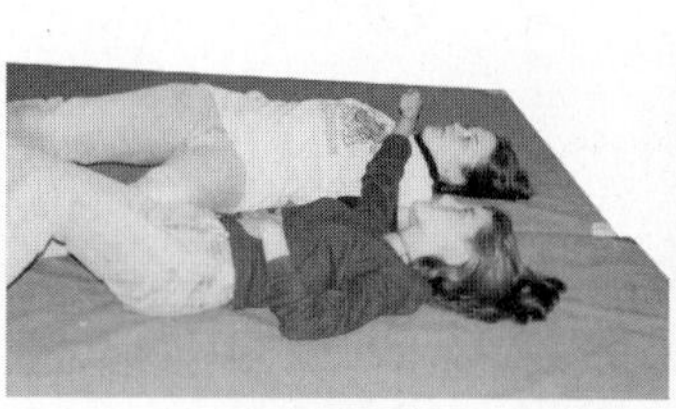

3

Nach erfolgreichem Abwurf rollst du dich unmittelbar in die Ausgangslage zurück und schlägst in einer Gegenbewegung die Handkante oder die Hammerfaust deines innen liegenden Armes zur Nasenspitze oder zum Kehlkopf des »Täters«. Ferse mit dem Zurückrollen dein außenliegendes Bein wieder an und bereite dich darauf vor, nach der gezielten Handtechnik den abschließenden Fersenschlag auszuführen.

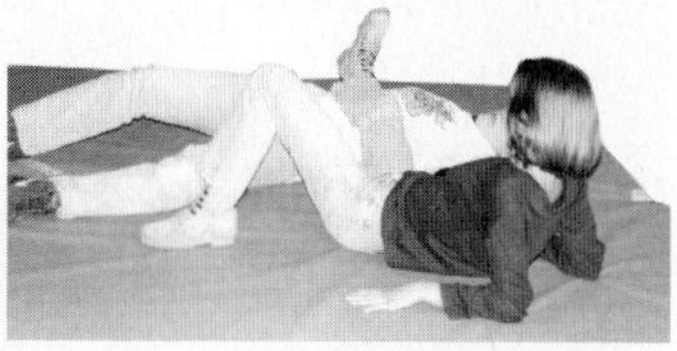

4

Richte unmittelbar danach deinen Oberkörper auf, indem du dich auf den Unterarmen aufstützt. Beginne den anschließenden Fersenschlag mit einer schnellen Hüftdrehung (Gesäß zum »Täter«), wobei du dein innen liegendes Bein in einem hohen Bogen nach oben reißt und kraftvoll nach unten zum Gesicht oder Unterleib des »Täters« schlägst. Bleibt die erhoffte Wirkung aus, dann lasse aus dieser Lage mehrere Fußstöße folgen.

6 Gesetzgebung und Selbstverteidigung

Die im vorausgegangenen Teil dargestellten Techniken zur Abwehr eines gewaltsamen Übergriffs können schwerste gesundheitliche Schäden hervorrufen. Ihr Einsatz erfordert deshalb deine vollste Aufmerksamkeit und dein besonderes Verantwortungsbewusstsein.
Denke ebenso beim Üben und Trainieren der Techniken daran, dass du auch für deine Übungspartnerinnen Verantwortung übernimmst. Sei immer rücksichtsvoll und wachsam und bedenke die möglichen Folgen deiner Handlungen.

Der Notwehrparagraph § 32 StGB

In einer tatsächlichen Notlage erlaubt dir der Gesetzgeber durch den Notwehrparagraphen im Bürgerlichen Gesetzbuch (BGB) und im Strafgesetzbuch (StGB) die Selbstverteidigung und im Nothilfeparagraphen die Verteidigung einer anderen Person. Auch die Überschreitung der Notwehr z. B. aus Angst oder Furcht ist vom Gesetzgeber geregelt.

Die Selbstverteidigung ist nach dem Gesetz an drei Grundsätze gebunden:

1. Der Angriff muss **gegenwärtig** sein, d. h.
   - er passiert im Moment
   - er dauert noch an
   - er steht unmittelbar bevor
2. Der Angriff muss **rechtswidrig** sein, d. h.
   er richtet sich gegen deine, durch das Gesetz geschützten Interessen, wie z. B. dein Leben, deine Gesundheit, deine Freiheit, deine Ehre oder dein Eigentum.
3. Die Verteidigung ist nur erlaubt, um einen gegenwärtigen, rechtswidrigen Angriff **abzuwenden**, d. h. hat der Angriff aufgehört oder kommt er nicht mehr zustande, darfst du nicht mehr gegen den Täter vorgehen.
   Vergeltung, z. B. aus Rache zu einem späteren Zeitpunkt ist ein strafbares Vergehen. Ebenso, wenn du fortfährst, den Täter zu treten und zu schlagen, obwohl dieser erkennbar seinen Angriff abgebrochen hat oder nicht mehr fortführen kann.

§ 32 StGB: Notwehr

1. Wer eine Tat begeht, die durch Notwehr geboten ist, handelt nicht rechtswidrig.

2. Notwehr ist die Verteidigung, die erforderlich ist, um einen gegenwärtigen rechtswidrigen Angriff von sich oder einem anderen abzuwenden.

Überschreitung der Notwehr § 33 StGB

Eine strafbare Überschreitung der Notwehr liegt auch dann vor, wenn du die »Verhältnismäßigkeit der Mittel« außer Acht lässt und z. B.

- auf eine Beleidigung mit einem Fußtritt gegen die Kniescheibe reagierst,
- einen Mann, der im Gespräch den Arm um dich legt, mit einem Augenstich abwehrst,
- einem Betrunkenen, der dir sein Bier über die Hose schüttet, einen Stoß ins Gesicht versetzt,
- nach einer erfolgreichen Abwehr eines Angriffs dem auf dem Boden liegenden Angreifer ins Gesicht trittst,
- du selbst jemanden beleidigt hast und auf einen Stoß mit einem Tritt in die Genitalien reagierst.

§ 33 StGB: Überschreitung der Notwehr

Überschreitet der Täter die Grenzen der Notwehr aus Verwirrung, Furcht oder Schrecken, so wird er nicht bestraft.

Bedenke also deine Handlungen und sei dir bewusst, dass du vor dir selbst und vor dem Gesetz Verantwortung für dein Handeln übernehmen musst.

Zur Ergänzung sei hier noch erwähnt, dass der Gesetzgeber die Schwierigkeit, eine drohende Notlage gerecht zu beurteilen, berücksichtigt.

Diesen Tatbestand zu überprüfen und festzustellen, ist nicht immer leicht. Wenn aber die begleitenden Umstände der Tat auf eine versuchte Vergewaltigung oder eine Körperverletzung hinweisen, geht der Richter meist davon aus, dass sich die Frau in dieser Situation immer in Verwirrung, Furcht oder Schrecken befunden hat.

60-jährige Frau biss Räuber in die Flucht

TRIER (lrs) – Mit einem Biss in die Hand eines Räubers und einem Tritt in den Unterleib seines Komplizen hat eine 60-jährige Frau in Trier zwei Männer in die Flucht geschlagen. Die verhinderten Räuber waren vor die Frau getreten, hatten „Auto her" geschrien und versucht, ihr den Wagenschlüssel zu entreißen. Als diese sich mit Schreien, Bissen und Tritten wehrte, flüchteten die Männer.

Quelle: Allgemeine Zeitung vom 26.05.1996

§ 177 StGB: Vergewaltigung

1. *Wer eine Frau mit Gewalt oder durch Drohung mit gegenwärtiger Gefahr für Leib oder Leben zum außerehelichen Beischlaf mit ihm oder einem Dritten nötigt, wird mit einer Freiheitsstrafe nicht unter zwei Jahren bestraft.*
2. *In minder schweren Fällen ist die Freiheitsstrafe von sechs Monaten bis zu fünf Jahren.*
3. *Verursacht der Täter durch die Tat leichtfertig den Tod des Opfers, so ist die Freiheitsstrafe nicht unter fünf Jahren.*

Die Vorschrift

Rechtsgut ist die sexuelle Selbstbestimmung der Frau. Opfer kann daher jede Frau sein, ohne Rücksicht auf Alter, Geschlechtsreife oder Ruf.

Die Vorschrift erfasst nicht die Vergewaltigung unter Ehegatten, auch wenn sie getrennt leben. Die Erzwingung ehelichen Verkehrs ist nicht durch gesetzliches Recht gedeckt und daher verwerfliche Nötigung.

Der Täter

Täter braucht, wie das Gesetz ausdrücklich klarstellt, nicht der Beischläfer selbst zu sein; er braucht von der Drohung auch nichts zu wissen, so dass eine Frau auch Alleintäterin sein kann. **Mittäterschaft** ist in der Weise möglich, dass der eine nötigt, der andere den Beischlaf vollzieht.

Die Tathandlung

Die Tathandlung ist der durch Beugung des entgegenstehenden Willens der Frau herbeigeführte außereheliche Beischlaf. Das Delikt ist zweiaktig **Nötigung** und **Beischlaf**. Wehrt sich die Frau nur gegen anormalen Verkehr, so kommt nur § 178 StGB (Sexuelle Nötigung) in Betracht.

Die **Außerehelichkeit** des Beischlafs ist tatbezogenes Merkmal. Wird ein Beischlaf zwischen Ehegatten erzwungen, so fällt die Tat nur unter § 240 StGB.

Nötigungsmittel

Nötigungsmittel sind:

1. **Gewalt gegen die Frau und auch gegen Dritte.**
   Die Gewalt muss Mittel zur Überwindung des Widerstands sein. Auf das Maß der Gewalt kommt es dabei nicht an, so dass Einsperren in einen verschlossenen Raum oder verriegeln der Tür eines Pkw genügen kann sowie die Verbringung des wehrlosen Opfers an einen abgelegenen Ort mit der Einschränkung, dass bloße verbale Einwirkungen nicht ausreichend und eine gewisse körperliche Kraftentfaltung oder eine als solche empfundene Zwangseinwirkung hinzukommen muss.
   Wird Gewalt angewendet, so ist es unerheblich, ob tatsächlich Widerstand geleistet wird, es genügt, dass er zu erwarten war und durch die Gewaltanwendung ausgeschlossen werden sollte.
   Das gewaltsame Einflößen alkoholischer Getränke genügt nur, falls damit der Widerstand der Frau gebrochen werden soll. Gewalt ist auch die Anwendung betäubender Mittel ohne Einwilligung der Frau.
   Auch die erzwungene Fortsetzung des anfänglich geduldeten Beischlafs fällt unter § 177 StGB.
   Willigt die Frau unabhängig von der Gewaltanwendung noch vor dem Beischlaf ein oder glaubt der Täter an eine solche Einwilligung, so kommt Versuch in Betracht, bloße Duldung ist aber keine Einwilligung, eine unter Druck erklärte »Einwilligung« schließt § 177 StGB nicht aus.
2. **Drohung mit gegenwärtiger Gefahr für Leib und Leben.**

Minder schwerer Fall

Ein minder schwerer Fall kommt z. B. in Betracht, wenn der Täter bereits sexuelle Beziehungen zu der Frau hatte oder echte Liebesbeziehungen anstrebt, wenn die Frau dem Täter aus seiner Sicht durch ihr Verhalten Hoffnungen auf freiwillige Hingabe gemacht hat oder zu ihm ins Auto gestiegen ist.

Qualifizierte Vergewaltigung § 177 (III) StGB

Qualifiziert ist die Tat, wenn der Täter durch sie den Tod des Opfers leichtfertig verursacht; d. h. einerseits, dass eine nur im Zusammenhang mit der Tat stehende Tötung nicht genügt, es aber andererseits ausreicht, wenn schon der Versuch der Tat, d. h. die Nötigungshandlung, den Tod verursacht. Doch muss der Täter leichtfertig handeln, was konkret zu belegen ist und bei brutalem Vorgehen (z. B. Würgen am Hals) in der Regel gegeben sein wird.

16-Jährige schrie: Täter lief weg

MAINZ. RED. Überfallen und belästigt wurde eine 16-Jährige, die nach dem Joggen in der Hechtsheimer Straße unterwegs war. Gegen 20.30 Uhr verfolgte ein Mann die junge Frau auf dem Fußweg, der durch eine Hecke von der Fahrbahn abgetrennt ist. Der etwa 40-Jährige sprach sie an. Plötzlich umklammerte der zirka 1,80 Meter große Mann sein Opfer und bedrängte sie. Die 16-Jährige schrie laut auf. Daraufhin ließ der Mann sie los und flüchtete. Die Polizei bestätigte später der jungen Frau, dass sie sich richtig verhalten habe. Durch Gegenwehr sinke die Gefahr, vergewaltigt zu werden.

Quelle: Allgemeine Zeitung vom 15.11.1996

Sexuelle Nötigung § 178 StGB

> ***§ 178 StGB: Sexuelle Nötigung***
> *1. Wer einen anderen mit Gewalt oder durch Drohung mit gegenwärtiger Gefahr für Leib oder Leben nötigt, außereheliche sexuelle Handlungen des Täters oder eines Dritten an sich zu dulden oder an dem Täter oder einem Dritten vorzunehmen, wird mit Freiheitsstrafe von einem Jahr bis zu zehn Jahren bestraft.*
> *2. In minder schweren Fällen ist die Strafe Freiheitsstrafe von drei Monaten bis zu fünf Jahren.*
> *3. Verursacht der Täter durch die Tat leichtfertig den Tod des Opfers, so ist die Strafe Freiheitsstrafe nicht unter fünf Jahren.*

Die Vorschrift
Rechtsgut ist die sexuelle Selbstbestimmung der Frau. Die Tat ist ein zweiaktiges Delikt: **Nötigung** und **sexuelle Handlung**.

Der Täter
Täter kann jedermann sein. **Opfer** kann eine **Frau** oder ein **Mann** sein ohne Rücksicht darauf, ob es ledig oder verheiratet ist, welchen Ruf es hat und wie alt es ist. Doch kann der Ehegatte des Opfers nicht Täter sein, es sei denn, dass das Opfer Handlungen eines Dritten dulden oder am Dritten vornehmen soll; denn insoweit handelt es sich um außereheliche Handlungen.

Die Tathandlung
Tathandlung ist die Nötigung zu einer sexuellen Handlung in der Weise, dass das Opfer gezwungen wird, Handlungen an sich zu dulden oder an dem Täter oder einem Dritten vorzunehmen. Wie sich aus § 177 StGB ergibt, erfasst § 178 StGB nur solche sexuellen Handlungen, die nicht der Beischlaf sind.

Nötigungsmittel
Nötigungsmittel müssen wie bei § 177 StGB entweder sein:

1. **Gewalt** (wofür schon eine Ohrfeige ausreichen kann) gegen das Opfer, um die sexuelle Handlung, unmittelbar zu ermöglichen.
   Gewaltsames Entfernen der Kleidung von dem Körper des Opfers ist noch keine sexuelle Handlung **an** dem Körper, solange das Entblößen selbst nicht mit einer sexuellen Handlung verbunden ist.
   Gewalt scheidet aus bei überraschenden sexuellen Handlungen oder wenn sich der andere freiwillig in einen Zustand der Willensunfreiheit hat versetzen lassen (z. B. durch Narkose).
2. **Drohung mit gegenwärtiger Gefahr für Leib oder Leben** des Opfers oder eines ihm nahestehenden Dritten.

Der Versuch
Der **Versuch** beginnt, wenn der Täter zur Gewaltanwendung oder Entäußerung der Drohung unmittelbar ansetzt.
Vollendung setzt voraus, dass sich der Täter schon durch die betreffende Handlung geschlechtliche Erregung oder Befriedigung verschaffen wollte.

Lösungen zur Kopiervorlage auf Seite 56

1
- Fuß
- Knie
- Ellenbogen
- Hand (Faust, Ballen, Handkante und Fingerspitzen)
- Kopf
- Stimme

2
- Augen
- Nase
- Hals (Kehlkopf und Halsschlagader)
- Genitalien
- Knie

hinzu kommen:
- Ohren
- Schlüsselbeine
- Solarplexus
- Wirbelsäule
- Fußrücken

3 Wenn ich mich mit allen zur Verfügung stehenden Mitteln wehre (vgl. Nr. 11).

4 Nein, überhaupt nicht. In 70 % aller Fälle von Vergewaltigung geht es den Tätern um das Gefühl von Macht (sog. Statussexualität). Die Sexualität ist nur Mittel zum Zweck.

5 Im Alltagsleben

6
- Handtasche
- Schirm
- Zeitung, Illustrierte
- Schlüssel
- Kugelschreiber, Stift, Nagelfeile usw.

7 Zu gleichen Teilen in beiden Bereichen

8 Direkt ansprechen, unterstützt durch eine selbstbewusste Körperhaltung, Gestik und Mimik

9 70 % aller Täter kennen ihre Opfer (s. S. 7)

10 Macht (vgl. Nr. 4)

11 Nein. Der § 32 StGB sagt ausdrücklich Notwehr ist nur die Verteidigung, die erforderlich ist, um einen **gegenwärtigen rechtswidrigen** Angriff von sich **abzuwenden** (s. S. 53).

Test: Opfer? – Nein Danke!

1 Welches sind die zur Verteidigung geeigneten Waffen einer Frau? Nenne 5!

2 Welches sind die vier empfindlichsten Körperstellen bei einem Täter? Zeichne Sie in nebenstehende Grafik ein!

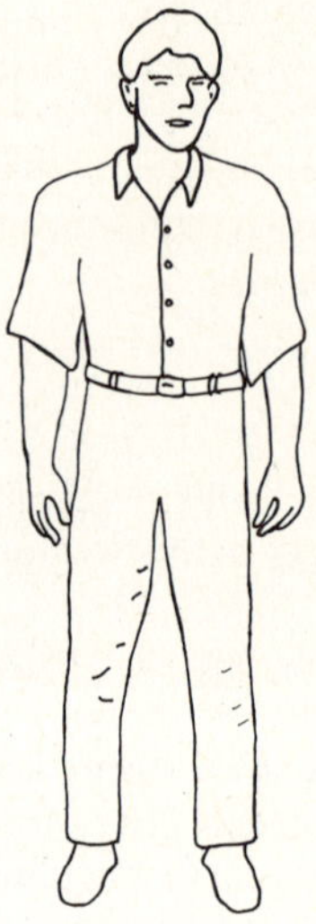

3 Wann ist die Wahrscheinlichkeit einen Angriff relativ unbeschadet zu überstehen größer?

- ○ Wenn ich mich mit allen zur Verfügung stehenden Mitteln wehre.
- ○ Wenn ich nur geringen Widerstand leiste, um den Täter nicht noch weiter zu provozieren.
- ○ Wenn ich keinen Widerstand leiste und versuche, auf den Täter beschwichtigend einzuwirken.

4 Spielt die Kleidung der Frau eine Rolle wenn es um Vergewaltigung geht?

5 Wo ereignen sich die meisten Vergewaltigungen?

- ○ Im Kneipen- und Diskotheken-Bereich
- ○ Beim Reisen und Trampen
- ○ Im Alltagsleben

6 Welche vier Hilfsmittel kannst du zu deiner Verteidigung einsetzen?

7 Wo finden die meisten Vergewaltigungen statt?

- ○ Im Freien
- ○ In geschlossenen Räumen

8 Nach einer Party wirst du von einem Mann verfolgt. Welches Verhalten ist deiner Meinung nach richtig?

- ○ Du tust so, als ob du ihn nicht bemerken würdest.
- ○ Du wechselst die Straßenseite und suchst Schutz in einem Hauseingang.
- ○ Du drehst dich um und sprichst ihn direkt an.

9 Von welchem Personenkreis werden die meisten sexuellen Übergriffe verübt?

- ○ Bekannte
- ○ Unbekannte

10 Welches ist das Hauptmotiv der Sexualtäter?

- ○ Wut
- ○ Sadismus
- ○ Macht
- ○ Sexualtrieb

§ 32 StGB: Notwehr

1. Wer eine Tat begeht, die durch Notwehr geboten ist, handelt nicht rechtswidrig.

2. Notwehr ist die Verteidigung, die erforderlich ist, um einen gegenwärtigen rechtswidrigen Angriff von sich oder einem anderen abzuwenden.

11 Stimmt die Aussage: »Der Notwehr-Paragraph erlaubt es mir, mich mit allen zur Verfügung stehenden Mitteln zu wehren«?

7 Hinweise zum Selbstverteidigungskurs

Zeitlicher Rahmen

Die vorliegenden 10 Einheiten sind für einen Zeitraum von 15 Zeitstunden konzipiert. Jede Einheit erstreckt sich über 90 Minuten, d. h. eine Doppelschulstunde. Einstieg und Abschluss der Einheit erfordern je 15 Minuten, so dass etwa eine Stunde für das Rahmenthema zur Verfügung steht.

Konzeption

Zu Beginn und am Abschluss jeder Einheit sollten die Schülerinnen in einem Kreis zusammenkommen. Diese Organisationsform fördert das Gruppenerlebnis und erschließt den einzelnen Teilnehmerinnen die Geborgenheit des gemeinsamen Tuns. Der Kreis dient der geistig-emotionalen Vorbereitung im Hinblick auf die Auseinandersetzung mit dem Thema »Abwehr männlicher Gewalt«.
Das »Wir« des Gruppenerlebnisses ist ein erster wichtiger Schritt, um die subjektive Verhaltensdisposition der Schülerinnen, die in diesem Alter meist schwach herausgebildet ist, in der Konfrontation mit dem Thema »Sexuelle Gewalt« zu stärken und in der aktiven Auseinandersetzung mit dem Thema ein eher atypisches Frauenverhalten zu fordern.

Einstieg
Er kann über eine kurze, durch den Lehrer gesteuerte Meditation erfolgen, in Form sogenannter »Ich-Botschaften«, z. B. »Ich fühle mich heute besonders gut, da...«, »Ich freue mich darüber, dass...« u. Ä. oder in Form einer »Phantasie-Reise«, die der geistigen Vorbereitung aller Teilnehmerinnen dient und es ermöglicht, sie gemeinsam »an einem Punkt abzuholen«.

Abschluss
Den Abschluss bildet ein Gespräch über die gesammelten Eindrücke und Erfahrungen aus der Einheit. Die Schülerinnen sollen ermutigt werden, ihre Gefühle und Gedanken vor der Gruppe zu äußern und in diese Reflexion alle positiven und negativen Momente einzubringen. Nicht zuletzt bietet sich hier die Gelegenheit, offene Fragen zu klären sowie Anregungen und Wünsche der Teilnehmerinnen entgegenzunehmen. Als Feedback für den Lehrer dient dieser Abschluss der Nachbereitung der jeweiligen Einheit.

Unterrichtsplanung

Die didaktische Konzeption der Unterrichtseinheiten geht von der Überlegung aus, die einzelnen Unterrichtsschritte nach den bekannten methodischen Prinzipien zu staffeln: vom Leichten zum Schweren, vom Einfachen zum Komplexen, vom Bekannten zum Unbekannten.
Sie sind als Unterrichtsbausteine zu verstehen, die es unter Beachtung dieser Überlegungen zu jedem Zeitpunkt ermöglichen eine eigene pädagogische Schwerpunktsetzung vorzunehmen, die abhängig ist von:

- dem Zeitrahmen, der für die Durchführung des Kurses zur Verfügung steht,
- dem Raumangebot und den Materialien sowie methodischen Hilfsmitteln, die vorhanden sind,
- der Zusammensetzung der Lerngruppe, ihrer Altersstruktur und dem jeweils erreichten Lernfortschritt,
- der eigenen didaktischen Zielsetzung i. E. der besonderen Betonung der Selbstverteidigung, der Förderung des Selbstbewusstseins durch Rollenspiele oder der Vermittlung von Entspannungstechniken und Meditationsformen.

Organisationsformen der Technikvermittlung

Für die Vermittlung der Grundtechniken der Selbstverteidigung empfiehlt es sich, auf den Frontalunterricht zurückzugreifen. Die einleitende Demonstration durch den Lehrer und seine Bewegungserklärungen können so am besten von den Schülerinnen aufgenommen und beim Üben durch den Lehrer kontrolliert werden. Dazu stellen sich die Schülerinnen in entsprechendem Abstand in mehreren Reihen hintereinander auf oder bilden gemeinsam mit dem Lehrer einen Kreis.
Mit fortschreitendem Kenntnisstand der Bewegungsabläufe und sportmotorischem Können ist es auch aus Zeitgründen sinnvoll die unterrichtliche Organisationsform je nach pädagogischer Zielsetzung zu ändern.

Techniktraining in Form eines Kreistrainings
An verschiedenen Stationen in der Halle werden Selbstverteidigungstechniken geübt, z. B. an der

1. Station: Handtechniken
2. Station: Beintechniken
3. Station: Fallübungen
4. Station: Selbstverteidigungstechniken oder -kombinationen gegen Würgen oder Umklammern usw.

Zahlreiche Variationsmöglichkeiten an Stationen sind denkbar: Verschiedene Handtechniken, unterschiedliche Beintechniken, Kombinationen von Hand- und Beintechniken sowie Kombinationen von Hand- und Handtechniken oder Bein- und Beintechniken aber auch Stationen, die allein Befreiungsaktionen schulen. Die verschiedenen Stationen können von Schülerinnen gebildet werden, die abwechselnd ein Tritt- oder Schlagpolster halten, oder durch den Einsatz von methodischen Hilfsmitteln differenziert werden.

Konditionstraining in Form eines Kreistrainings
An unterschiedlichen Stationen wird auf Zeit eine vorgegebene Anzahl von Techniken und Aktionen geübt. Die Schülerinnen durchlaufen alle Stationen im Uhrzeigersinn.

Freies Üben
Der Lehrer lässt verschiedene Stationen aufbauen oder durch Schülerinnen bilden. Diese verteilen sich nach Wahl auf die angebotenen oder durch die Schülerinnen erwünschten Stationen und wechseln sich nach einer vorgegebenen Zeit ab.

Materialien und methodische Hilfsmittel

Hierzu gehören als allererstes feste und nicht zu große Kissen sowie Weichböden als Schlag- oder Trittpolster.
Die Kissen, in die die Techniken unter moderatem Energieeinsatz zum Training der Distanz, des Timings (auf ein Kommando), der Zielgenauigkeit und der Bewegungsschulung auszuführen sind, werden von einer Partnerin gehalten.
Senkrecht mit der Längskante an die Wand gestellte oder zwischen zwei große Kästen eingeklemmte Weichböden erlauben ein Techniktraining mit maximalem Krafteinsatz.

Kopfstoß rückwärts

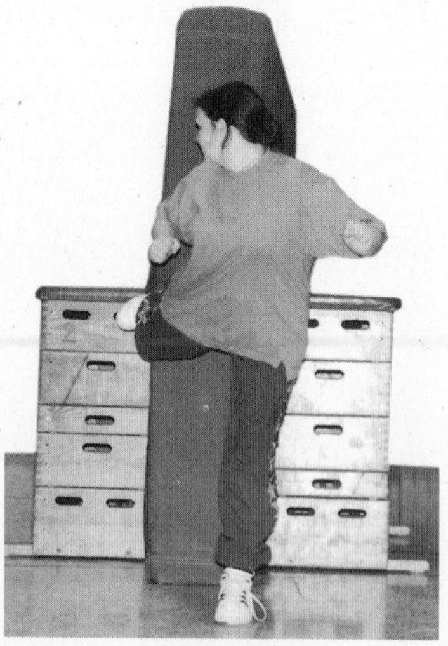

Rückwärtstritt

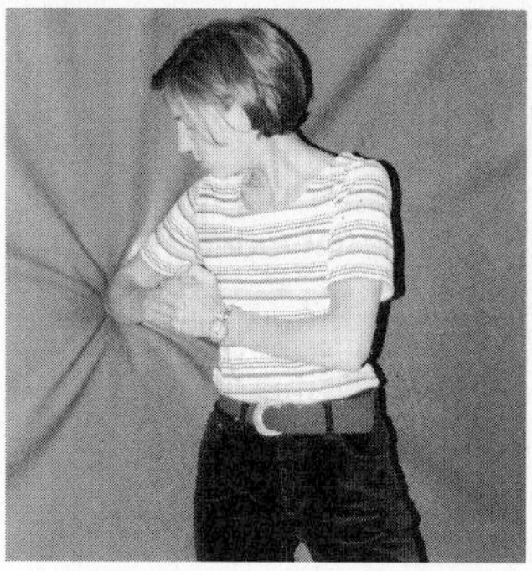

Ellenbogenstoß rückwärts

Handballenstoß gegen einen Medizinball

Fersenschlag im Liegen auf den Weichboden

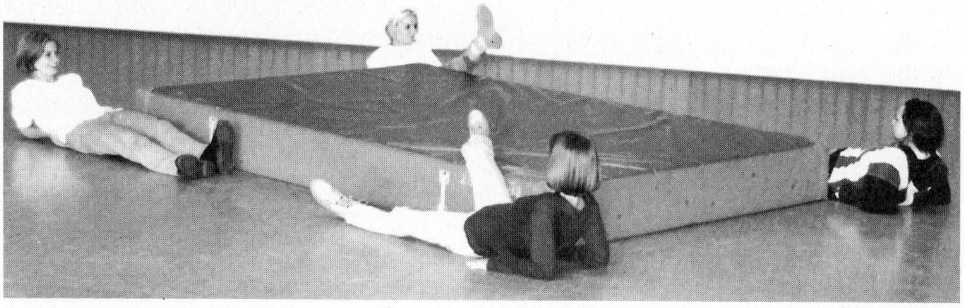

Das Trittpolster

Die Trittpolster sollten im Selbstverteidigungskurs unbedingt eingesetzt werden. Sie lassen sich ohne großen Aufwand und Unkosten leicht selbst herstellen. Die benötigten Materialien sind in jedem größeren Baumarkt zu erwerben:

1. Ein 1,50 m bis 1,60 m langes Plastikrohr (sog. Fallrohr für die Regenrinne)
2. Ein Schaumstoffpolster in der Stärke von 20–25 cm oder eine dünnere Schaumstoffmatte zum umwickeln des Plastikrohrs
3. Ausreichend Schnur, um den Schaumstoff an vier Stellen am Rohr festzubinden
4. Breites Klebeband, mit dem das Schaumstoffpolster vollständig und fest umwickelt wird
5. Farbiges Klebeband, um in Kniehöhe eine Trefffläche zu markieren

Schnapptritt

Halbkreisschnapptritt

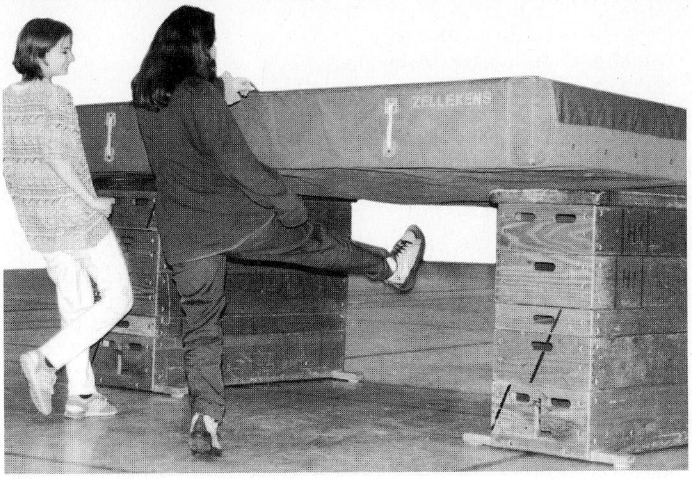

Schnapptritt

An einem hochgelegten Weichboden können 4–6 Schülerinnen gleichzeitig üben.

Übungsformen für die Kettenschläge gegen die Boxpratze

1. Die Schülerinnen bilden einen Kreis oder stellen sich in mehreren Reihen hintereinander auf. Aus der Selbstverteidigungshaltung führen sie aus dem Stand eine vorgegebene Anzahl von Schlägen aus.
   Übungsziel: Technikausführung und Atmung
2. Die Schülerinnen üben mit einer Partnerin die Technik aus dem Stand.
   Übungsziel: Technikausführung, Atmung und Distanz
3. Die Partnerin hält ein festes Kissen oder eine Pratze, in die die Schläge aus dem Stand ausgeführt werden.
   Übungsziel: Technikausführung, Atmung, Distanz, Trefffläche und Kontakt
4. Wie Übung 1.
   Die Schülerinnen durchqueren in einer Reihe den Übungsraum und führen mit jedem kurzen Schritt einen Schlag aus.
   Übungsziel: Technikausführung, Atmung aus der Bewegung
5. Wie Übung 2.
   Die Partnerin weicht der Schlagserie in bemessenem Abstand nach hinten aus.
   Übungsziel: Technikausführung, Atmung und Distanz aus der Bewegung
6. Wie Übung 3.
   Kettenschläge in ein Kissen oder eine Pratze aus der Vorwärtsbewegung.
   Übungsziel: Technikausführung, Atmung, Distanz, Trefffläche und Kontakt aus der Bewegung
7. Erweiterungsübungen: Mit und ohne Partner sowie mit und ohne Kontakt führen die Schülerinnen zuerst eine Tritttechnik aus (z. B. Schnapptritt vorwärts) gefolgt von einer Serie von Kettenschlägen.

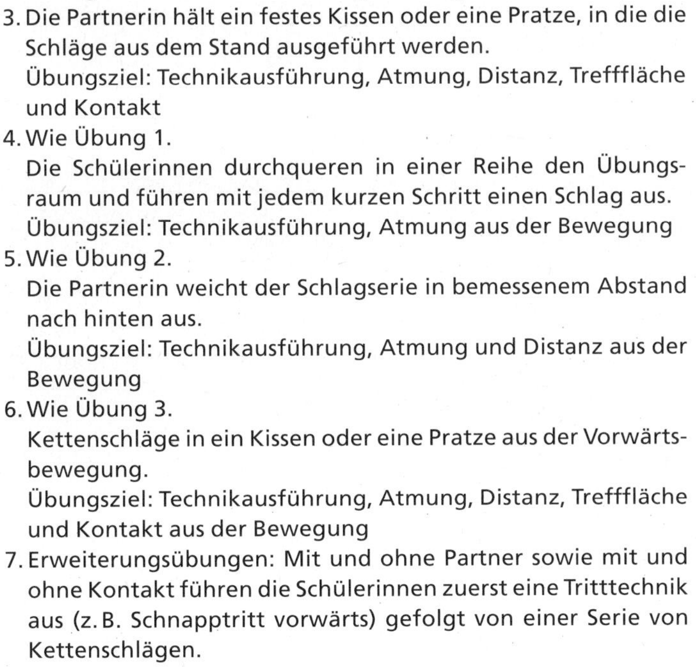

Organisationsformen

Die Übenden stellen sich in kleinen Gruppen hintereinander vor den Polstern auf, treten vor, nehmen die Verteidigungshaltung ein und führen den Tritt, einzeln oder mehrfach, mit einem lauten Kampfschrei aus. Anschließend stellen sie sich wieder hinten in der Reihe an. Das Polster wird im Wechsel von den Schülerinnen gehalten.

Bei einem Kreistraining werden möglichst viele Stationen gebildet, auf die sich die Schülerinnen gleichmäßig verteilen. Die jeweils Ersten stellen sich nach dem Tritt an der nächsten Station hinten an. An den Stationen können gleiche oder unterschiedliche Tritte als Einzel- oder Doppeltritte geübt werden.

Unabdingbar für die Fallübungen sind Turnmatten (auch Weichböden, Niedersprungmatten oder Tatamis, sog. Judo-Matten). Sie können zu Bahnen oder Feldern ausgelegt werden.

Als Requisiten für die Rollenspiele können neben Kleidung, Stühlen und Tischen auch die unterschiedlichsten Kästen Verwendung finden, um Situationen im Auto, in der Disco, in einer Telefonzelle usw. mit größerem Realitätsbezug darstellen zu können.

Selbstverteidigungstechniken

Die zahlreichen Verteidigungstechniken sind ebenfalls nach methodischen Gesichtspunkten in die Unterrichtseinheit aufgenommen. Auch hier kann der Lehrer eine eigene Schwerpunktsetzung vornehmen. Die sog. »ultimativen Techniken« sind in den folgenden 10 Einheiten ausgespart.

Es liegt in der besonderen pädagogischen Verantwortung der Kolleginnen und Kollegen, ob sie diese in ihren Selbstverteidigungskurs integrieren wollen. Die Möglichkeiten reichen von einer kurzen Vorstellung und Demonstration bis hin zum Kontakttraining an Schaumstoffpolstern.

Rolle der Lehrerin oder des Lehrers

In den seltensten Fällen besteht die Möglichkeit, den Kurs durch einen erfahrenen Leiter durchführen zu lassen. Hilfestellung können die örtlichen Vereine, die Polizei und Frauenorganisationen geben oder auch ältere Schülerinnen, die Erfahrungen aus dem Kampfsportbereich mitbringen.

In den Fällen, in denen die Lehrerinnen und Lehrer keine oder nur geringe Selbstverteidigungskenntnisse besitzen, sind diese primär als Organisatoren und methodische Leiter gefordert, die die notwendigen Voraussetzungen zur Durchführung des Kurses schaffen und sich gemeinsam mit den Schülerinnen und der Hilfe Dritter die Inhalte erschließen.

Ein häufig von den Schülerinnen vorgebrachter Einwand betrifft das Verhalten in den Situationen, in denen keine direkte Gegenwehr möglich scheint, wenn der »Täter« z. B. mit einer Waffe droht oder wenn auf Grund seiner Körperkraft gegen sein Halteangriff keine der bekannten Techniken anwendbar ist. Da der »Täter« in diesen Fällen erst auf halbem Weg zu seinem Ziel ist, gilt es abzuwarten, verbalen und mentalen Widerstand zu leisten und Vorbereitungen zu treffen, um einen günstigen Zeitpunkt zur körperlichen Gegenwehr nutzen zu können.

Inhalt	Methodische Hinweise / Materialien
Einführung Vortrag mit anschließender Diskussion zum Thema »Sexuelle Gewalt«	Grundlagen zum Thema, statistische Erhebungen der Polizei (s. S. 7); evtl. auch als eigenständige Einführungsveranstaltung mit Experten z. B. der Polizei oder dem Weißen Ring; Test: Opfer? – Nein Danke!
Aufwärmen (mit Musik) Lockern – Dehnen – Kräftigen	Tonträger, Kassette, CD Im Kreis
Die Verteidigungsstellung	Lehrerdemonstration und Erklärung (s. S. 38)
Grundtechniken – Handballenstoß – Schnapptritt vorwärts	Im Kreis oder als Frontalunterricht ohne Partner; jede Technik langsam 10-mal rechts und links ausführen (Bewegungsanweisungen s. S. 42, 46)
T'ai Ch'i: »Wecke das Ch'i«	S. S. 19
Grundtechniken – Ellenbogenschlag vorwärts – Kniestoß vorwärts	Wie Grundtechniken oben (s. S. 44, 49); Demonstration und Korrektur durch den Lehrer; Beachtung von Stand, Armhaltung, Hüfteinsatz und Atmung
Psycho-Übung: Körpersprache In der Fußgängerzone Menschen darstellen: – mit bestimmten Tätigkeiten oder Haltungen wie: vornehme Dame, müde Arbeiterin, erfolgreiche Geschäftsfrau, schüchternes Mädchen, freche Punkerin usw. – mit bestimmten Kleidungsstücken wie: hochhackige Stöckelschuhe, schwere Skischuhe, dicker Wintermantel, lockere Straßenkleidung, langes Abendkleid usw. – mit bestimmten Gemütszuständen wie: Stolz, Angst, Freude, Wut, Niedergeschlagenheit usw. – mit bestimmten Absichten wie: zielstrebig vorgehen, Bekannte treffen, Freunde suchen, abwesend schlendern, herzlich begrüßen usw.	Kurze Bewegungsanweisung durch den Lehrer; Freies Ausgestalten der vorgegebenen Rollen durch die Schülerinnen, die in einem begrenzten Feld umhergehen können; weitere Übungen s. S. 26 Die Übungen sollen nonverbal durchgeführt werden, damit die Schülerinnen sich ganz auf ihre Körperhaltung, Gestik und Mimik konzentrieren können.
Kontakttraining Wiederholen der 4 Grundtechniken mit Partner: – Handballenstoß – Schnapptritt vorwärts – Ellenbogenschlag vorwärts – Kniestoß vorwärts	Die Schülerinnen üben paarweise, mit je einem festen Kissen als Schlag- und Trittpolster. Dosierter Energieeinsatz zum Training der Technik, der Distanz und der Atmung; Einzelkorrektur durch den Lehrer
Abschluss – Lockerungsübungen – Autogenes Training: Entspannungsübung	Im Kreis: Einzel – und Partnerübungen Befehl: »Ich bin völlig ruhig und entspannt.« (s. S. 21)

Inhalt	Methodische Hinweise / Materialien
Theoretische Grundlagen – Hinweise und Verhaltensregeln zur Selbstverteidigung (s. S. 36, 37) – Die Selbstverteidigungsziele am Körper des Mannes (s. S. 39)	Erläuterungen durch den Lehrer; Darlegung der Gesetzgebung § 32 und § 33 StGB (s. S. 53); Unterrichtsgespräch
Aufwärmen (mit Musik)	Tonträger, Kassette, CD
Wiederholung der Grundtechniken – Handballenstoß – Schnapptritt vorwärts – T'ai Ch'i: »Wecke das Ch'i« – Ellenbogenschlag vorwärts – Kniestoß vorwärts – T'ai Ch'i: »Der Kranich breitet die Flügel aus«	Im Kreis ohne Partner; Bewegungsanweisungen mit Grobkorrektur; Beachtung der Atmung, Armhaltung und Hüfteinsatz; jede Technik 8-mal langsam rechts und links ausführen S. S. 19 Wie oben unter Beachtung der wichtigsten biomechanischer Prinzipien (s. S. 37) S. S. 19
Fallübungen – Sturz rückwärts – Rolle rückwärts	Auf Weichböden zum Sammeln von Bewegungserfahrungen; Ausgangsstellung: Erst vor der Matte stehen, dann auf der Matte hocken (s. S. 40)
Grundtechniken (neu) – Stampftritt vorwärts – Ellenbogenstoß rückwärts	Üben im Kreis ohne Partner; Bewegungskorrektur durch den Lehrer; Beachtung von Hüft- und Armeinsatz sowie Atmung; jede Technik 10-mal rechts und links ausführen (Bewegungsanweisungen s. S. 42, 48)
Psycho-Übung: Distanzübungen Die Schülerinnen bilden eine Gasse und stehen sich paarweise in einem Abstand von 15–20 Metern gegenüber. – Sie gehen aufeinander zu und aneinander vorbei. – Die eine Seite bleibt stehen, die andere geht auf ihr Gegenüber zu. – Wie oben: Erreicht der Partner die Sicherheitszone, soll dem Herankommenden – ohne Worte – ein unmissverständliches »Stopp« signalisiert werden. – Wie oben: unter Einsatz der Stimme	Einstieg: Demonstration und Information zu den Distanzzonen und zur Körpersprache durch den Lehrer (s. S. 15, 16) Wie von einem unsichtbaren Gummiband gezogen, das am Bauchnabel befestigt ist, gehen die Schülerinnen bei selbstsicherer Körperhaltung im normalen Schritttempo und mit stetem Blickkontakt mit der Partnerin aufeinander zu. (s. S. 29)
Kontakttraining Üben der neuen Techniken mit Partner: – Stampftritt vorwärts – Ellenbogenstoß rückwärts Freies Üben der bekannten Techniken	Paarweise mit je einem festen Kissen, Schlag- oder Trittpolster; Dosierter Energieeinsatz; Beachtung von Distanz, Hüfteinsatz und Atmung; Einzelkorrektur durch den Lehrer (s. S. 57–59)
Abschluss – Partnermassage mit Tennisbällen – Autogenes Training: Entspannungsübung	Im Kreis: Ein Partner liegt auf dem Boden, der andere massiert mit kreisenden Bewegungen unter leichtem Druck von Kopf bis Fuß. Befehl: »Ich bin völlig ruhig und entspannt.« (s. S. 21)

3

Inhalt	Methodische Hinweise / Materialien
Aufwärmen (mit Musik)	Tonträger, Kassette, CD
Wiederholung der Grundtechniken – Handballenstoß – Schnapptritt vorwärts	Demonstration und Bewegungsanweisung durch den Lehrer; jede Technik langsam je 8-mal rechts und links ausführen
– T'ai Ch'i: »Wecke das Ch'i«	s. S. 19
– Ellenbogenschlag vorwärts – Kniestoß vorwärts	Bewegungskorrektur durch den Lehrer; Beachtung von Stand, Hüfteinsatz, Armhaltung und Atmung
– T'ai Ch'i: »Der Kranich breitet die Flügel aus«	s. S. 19
– Stampftritt vorwärts – Ellenbogenstoß rückwärts	Technikausführung nach den wichtigsten biomechanischen Prinzipien (s. S. 37)
Psycho-Übung: Stimmübungen – Zwei Partnerinnen stehen sich gegenüber und berühren sich mit ausgestreckten Armen an den Handinnenflächen, Finger nach oben. Die eine sagt immerzu »Ja«, die andere sagt »Nein«. Die Aufforderung »Ja« soll mit wechselnder Sprachmelodie vorgebracht werden. – Wie oben: Ohne Körperkontakt zur Partnerin, die eine sagt »Ja«, die andere sagt »Hau ab«.	Demonstration durch den Lehrer (s. S. 29) Hinweis: »Schaut euch in die Augen und versucht, Sprache und Mimik (beim 2. Durchgang auch die Gestik) miteinander zu verbinden.«
Grundtechniken (neu): – Handkantenschlag nach hinten – Rückwärtstritt	Einzelübungen im Kreis; Betonung des Hüfteinsatzes, der Atmung sowie der Körperspannung beim Rückwärtstritt (Bewegungsanweisungen s. S. 43, 46)
T'ai Ch'i: »Pushing Hands«	s. S. 20
Fallübungen: – Sturz und Rolle rückwärts – Rolle vorwärts	Auf dem Weichboden mit einem dosierten Stoß durch eine Partnerin; Hinweis: »Kinn auf die Brust!«, »Schau auf deinen Bauchnabel!« (s. S. 41)
Kontakttraining: Üben der neuen Techniken mit und ohne Partner: – Handkantenschlag nach hinten – Rückwärtstritt Freies Üben der bekannten Techniken mit und ohne Partner	Schlag- und Trittpolster sowie senkrecht an der Wand oder zwischen zwei großen Kästen aufgestellte Weichböden; Ausführung der Techniken mit einem lauten Kampfschrei; Einzelkorrektur durch den Lehrer; Gestaltung als Kreistraining (s. S. 57, 58)
Abschluss – Lockerungsübungen oder Partnermassage – Autogenes Training: Entspannungsübung und dann Wärmeübung	Im Kreis: Mit und ohne Partner/Tennisbälle Befehl: »Ich bin völlig ruhig und entspannt.« (s. S. 21) Befehl: »Mein rechter Arm wird ganz warm.« (s. S. 21)

4

Inhalt	Methodische Hinweise / Materialien
Aufwärmen (mit Musik)	Tonträger, Kassette, CD
Wiederholung der Grundtechniken – Handkantenschlag nach hinten – Rückwärtstritt – Ellenbogenstoß rückwärts – Stampftritt vorwärts	Demonstration und Bewegungsanweisung durch den Lehrer; Betonung von Hüfteinsatz, Atmung und Körperspannung; Beachtung der biomechanischen Prinzipien (s. S. 37)
– T'ai Ch'i: »Wecke das Ch'i«	s. S. 19
– Handballenstoß – Schnapptritt vorwärts – Ellenbogenschlag vorwärts – Kniestoß vorwärts	Jede Technik 8-mal rechts und links, die letzten 3-mal jeweils explosiv und mit Kampfschrei ausführen
– T'ai Ch'i: »Der Kranich breitet die Flügel aus«	s. S. 19
Psycho-Übung: Stimmübungen Siehe 3. Einheit	Mit wechselndem Tonfall, Gestik und Mimik
Psycho-Übung: Durchsetzungsvermögen Die Gruppe trennt sich in Paare. Die eine Partnerin versucht der anderen einen Gegenstand, z.B. eine Jacke, »anzudrehen«. Die andere hat die Aufgabe, dieses Ansinnen abzulehnen, und unterstützt ihre Äußerungen durch eine entsprechende Gestik, Mimik und Körperhaltung.	Beide Parteien sollen ohne direkt handgreiflich zu werden ihr Vorhaben durchsetzen und dabei alle möglichen Verhaltensweisen ausprobieren. Demonstration durch den Lehrer; Durchführung mit Rollenwechsel (s. S. 32)
Fallübungen – Sturz rückwärts – Rolle rückwärts – Sturz seitwärts – Rolle vorwärts	Je nach Leistungsstand entweder nur auf Weichböden oder nur auf Turnmatten; Wechsel zwischen den beiden Mattentypen vermeiden; **Verletzungsgefahr!** (s. S. 40, 41)
Kontakttraining Freies Üben der bekannten Techniken mit und ohne Partner	Schlag- und Trittpolster sowie Weichböden (vgl. 3. Einheit); Einzelkorrektur durch den Lehrer
Abschluss: – Lockerungsübungen oder Partnermassage – Autogenes Training: Entspannungsübung und dann Wärmeübung	Im Kreis: Mit und ohne Partner/Tennisbälle Befehl: »Ich bin völlig ruhig und entspannt.« (s. S. 21) Befehl: »Mein rechter Arm wird ganz warm.« (s. S. 21)

Inhalt	Methodische Hinweise / Materialien
Aufwärmen (mit Musik)	Tonträger, Kassette, CD
Grundtechniken und Kombinationen – Schnapptritt vorwärts – Handballenstoß – Kniestoß vorwärts – Handballenstoß – T'ai Ch'i: »Wecke das Ch'i« – Ellenbogenschlag vorwärts – Stampftritt vorwärts – Handkantenschlag nach hinten – Rückwärtstritt – T'ai Ch'i: »Der Kranich breitet die Flügel aus«	Demonstration und Bewegungsanweisungen durch den Lehrer; jede Technik 8-mal langsam rechts und links ausführen; nach der ersten Technik das Trittbein nach vorn absetzen S. S. 19 Beachtung von Hüfteinsatz, Armführung, Atmung und Körperspannung S. S. 19
Psycho-Übung: Durchsetzungsvermögen Zwei Partnerinnen sitzen sich eng beieinander gegenüber. Die eine erzählt eine Geschichte oder ein Erlebnis. Die andere versucht, den Redefluss der Partnerin zu stören und zu unterbrechen.	Demonstration durch den Lehrer mit einer Schülerin als Partnerin; Bis auf direkte Handgreiflichkeiten ist jede Form der Störung erlaubt. Nach einem ersten Durchgang erfolgt ein Rollenwechsel (s. S. 32).
Kontakttraining Selbstverteidigungskombination gegen Umklammern von hinten: Kopfstoß rückwärts – Stampftritt nach unten (neu, s. S. 42) – Ellenbogenstoß rückwärts – Handkantenschlag nach unten (neu, s. S. 46) – Schritt nach vorn – Rückwärtstritt	Im Wechsel üben je zwei Schülerinnen an senkrecht gegen eine Wand und/oder zwischen zwei große Kästen gestellte Weichböden (s. S. 52, 58)
Fallübungen – Sturz rückwärts – Rolle rückwärts – Sturz seitwärts – Rolle vorwärts	Auf Turnmatten, im Kniestand oder aus der Hocke; Bewegungskorrektur durch den Lehrer; Abschlagen mit gestreckten Armen beim Sturz; flüssige Bewegung bei den Rollen; Bewegungsanweisung: »Kinn auf die Brust!«, »Schau auf deinen Bauchnabel!«
Reaktionstraining Je zwei Partnerinnen stehen sich gegenüber. Die eine versucht, mit einer schnellen Bewegung die Partnerin an der Schulter anzutippen. Diese hat die Aufgabe, durch einen Hakenblock die Berührung zu unterbinden.	Mit verschiedenen Partnern im Wechsel, jeweils rechts und links üben. Auch als Wettkampf mit Rollentausch: Nach 5 erfolgreichen Berührungen erfolgt der Wechsel. (s. S. 24)
Kontakttraining Freies Üben der bekannten Techniken mit und ohne Partner: – als Einzeltechnik – als Zweierkombination (s. o.)	Mit Schlag- und Trittpolster, Kissen und/oder an Weichböden (s. S. 57, 58)
Abschluss – Lockerungsübungen oder Partnermassage – Autogenes Training: Entspannungsübung und dann Schwereübung	Im Kreis: Mit und ohne Partner/Tennisbälle Befehl: »Ich bin völlig ruhig und entspannt.« (s. S. 21) Befehl: »Mein linkes Bein wird ganz schwer.« (s. S. 21)

5

Inhalt	Methodische Hinweise / Materialien
Aufwärmen (mit Musik)	Tonträger, Kassette, CD
Grundtechniken und Kombinationen – Halbkreisschnapptritt (neu) – Hammerfaustschlag von oben und nach unten (neu) – T'ai Ch'i: »Wecke das Ch'i« – Schnapptritt – Schnapptritt (2-mal hintereinander) – Ellenbogenstoß rückwärts und Handkantenschlag nach hinten – T'ai Ch'i: »Der Kranich breitet die Flügel aus« – Handballenstoß – Kniestoß vorwärts – Ellenbogenschlag rückwärts (neu, s. S. 49) – Rückwärtstritt	Demonstration und Bewegungsanweisung durch den Lehrer; jede Technik 10-mal rechts und links ausführen; Betonung von Hüft- und Armeinsatz sowie Atmung (s. S. 42, 47) S. S. 19 Je 8-mal rechts und links, die letzten 3-mal schnell und mit lautem Schrei ausführen; aus dem Stand und ohne Schritt vorwärts ausführen S. S. 19 Flüssige Verbindung und korrekte Ausführung der Techniken; aus der Verteidigungshaltung und ohne Schritt vorwärts ausführen
Psycho-Übung: Stimmübungen, Durchsetzungsvermögen Siehe 4. und 5. Einheit Beachtung von Mimik, Gestik, Körperhaltung und Blickkontakt in Verbindung mit einem selbstbewussten Einsatz der Sprache: sachlich, ruhig, fest und bestimmend	Demonstration vor der gesamten Lerngruppe mit anschließender Diskussion im Hinblick auf die Zielvorgabe; danach Durchführung der Übungen in Kleingruppen
Fallübungen – Sturz rückwärts – Surz seitwärts – Rolle rückwärts – Rolle vorwärts	Auf Mattenbahnen gelenktes und freies Üben der Techniken in Einzel- und Mehrfachausführung; Bewegungskorrektur durch den Lehrer; Beachtung von Kopfhaltung, Armeinsatz und Atmung (s. S. 40, 41)
Grundtechniken (neu) – Power-Ohrfeige – Doppelpressschlag	Beachtung von: Hüfteinsatz und Körperdrehung Streckbewegung aus den Knien (s. S. 47)
Kontakttraining – Selbstverteidigungskombination gegen Umklammern von hinten: Siehe 5. Einheit – Freies Üben der erlernten Techniken mit und ohne Partner: Einzeltechniken, Kombinationen und Fallübungen	An aufgestellten Weichböden üben Arbeitsteilige Gruppenbildung mit Wechsel der Stationen und unter Einsatz von Schlag- und Trittpolstern, Weichböden sowie Matten
Abschluss – Lockerungsübungen oder Partnermassage – Autogenes Training: Entspannungsübung, dann Schwereübung und dann Wärmeübung	Im Kreis: Einzel- und Partnerübung/Tennisbälle Befehl: »Ich bin völlig ruhig und entspannt.« (s. S. 21) Befehl: »Mein linkes Bein wird ganz schwer.« (s. S. 21) Befehl: »Mein rechter Arm wird ganz warm.« (s. S. 21)

6

Inhalt	Methodische Hinweise / Materialien
Aufwärmen (mit Musik)	Tonträger, Kassette, CD
Grundtechniken und Kombinationen – Schnapptritt vorwärts – Handballenstoß – Halbkreisschnapptritt – Ellenbogenschlag vorwärts – T'ai Ch'i: »Wecke das Ch'i« – Stampftritt vorwärts – Kniestoß vorwärts – Stampftritt nach unten – Ellenbogenschlag rückwärts – T'ai Ch'i: »Der Kranich breitet die Flügel aus« – Halbkreiskniestoß seitwärts (neu, s. S. 44) – Ellenbogenstoß rückwärts – Ellenbogenschlag rückwärts – T'ai Ch'i: »Pushing Hands«	Demonstration und Bewegungsanweisung durch den Lehrer; jede Technik 8-mal langsam rechts und links ausführen; nach der ersten Technik das Trittbein nach vorn absetzen S. S. 19 Aus dem Stand mit dem gleichen Bein; deutlicher Arm- und Hüfteinsatz Blick nach vorn, Atmung, Gleichgewicht und Hüfteinsatz S. S. 19 Vorwärtsdrehung auf dem Standbein und Kniestoß aus der Hüfte 1. Technik eng am Körper nach hinten stoßen, 2. in hohem Bogen schlagen S. S. 20
Psycho-Übung: Durchsetzungsvermögen In einem kleinen Rollenspiel übernehmen je zwei Schülerinnen die Aufgabe, eine kurze Szene auf der Straße darzustellen. Die eine Schülerin soll die Halle über eine Distanz von etwa 15 m zielstrebig von einem Punkt zu einem anderen durchqueren. Ihre Partnerin hat die Aufgabe, sie von diesem Vorhaben abzubringen. Ziel ist es, in der jeweiligen Situation selbstbewusst zu handeln und zu reagieren.	Demonstration und Spielanleitung durch den Lehrer; Jede Schülerin übernimmt 1-mal die beiden Rollen, die sie frei ausgestalten kann. Die Gruppe beobachtet und bespricht anschließend gemeinsam das dargebotene Verhalten im Hinblick auf die Zielvorgabe. (s. S. 25, 32)
Selbstverteidigungsübungen Angriff: Umklammern über den Armen von vorn Konter: Kopfstoß vorwärts – Stampftritt nach unten – Kniestoß Angriff: Umklammern über den Armen von hinten Konter: Kopfstoß rückwärts – Stampftritt nach unten – Ellenbogenstoß rückwärts – Handkantenschlag nach unten – Schritt nach vorn – Rückwärtstritt	Die Übungen sollen mit Partner langsam und ohne Kontakt sowie an aufgestellten Weichböden mit Kontakt ausgeführt werden. Vorsicht, mit Partner den Kopfstoß nur langsam einsetzen (s. S. 49)! **Verletzungsgefahr!** S. S. 52
Angriff: Auf den Boden nach hinten umreißen Konter: Schnapptritt zum Kopf	Diese Technik mit Partner langsam und ohne Kontakt anwenden
Kontakttraining Freies Üben der bekannten Techniken – als Einzeltechnik – als Kombinationen	Nach Wahl der Schülerinnen; Einzelkorrektur durch den Lehrer; langsame und schnelle Ausführung; Umsetzung der biomechanischen Prinzipien; Einsatz von Schlag- und Trittpolstern sowie Weichböden (s. S. 57, 58, 59)
Abschluss – Lockerungsübungen oder Partnermassage – Autogenes Training	Im Kreis: Mit und ohne Partner / Tennisbälle Wie in der 6. Einheit (s. S. 21)

Inhalt	Methodische Hinweise / Materialien
Aufwärmen (mit Musik)	Tonträger, Kassette, CD
Grundtechniken und Kombinationen – Seitwärtstritt (neu, s. S. 43) – Power-Ohrfeige – T'ai Ch'i: »Wecke das Ch'i« – Ellenbogenstoß seitwärts (neu) – Handkantenschlag seitwärts (neu) – Seitwärtstritt (neu) – Handkantenschlag seitwärts – T'ai Ch'i: »Der Kranich breitet die Flügel aus« – Kniestoß vorwärts – Kniestoß vorwärts (2-mal hintereinander) – Stampftritt nach unten – Hammerfaustschlag nach unten	Demonstration und Bewegungsanweisung durch den Lehrer; Beistellschritt mit dem hinteren, dann Seitwärtsschritt mit dem vorderen Bein; jede Technik langsam 8-mal rechts und links ausführen S. S. 19 Aus der Verteidigungsstellung heraus mit der vorderen Seite beginnen, die 2. Technik zur Seite absetzen (s. S. 43, 48) S. S. 19 Je 8-mal rechts und links, die letzten 3 Techniken explosiv und mit einem lauten Schrei ausführen
Psycho-Übungen: Stimmübungen, Durchsetzungsvermögen	S. S. 19, 32
Selbstverteidigungsübungen Angriff: Würgen von vorn Abwehr: Doppelpressschlag – Kniestoß vorwärts (2-mal) Angriff: Würgen von hinten Abwehr: Hackentritt (neu, s. S. 43) – Hammerfaustschlag nach unten – Handkantenschlag nach hinten	Übung mit Partner nur ohne Kontakt; den Doppelpressschlag nur andeuten; **Verletzungsgefahr!** Mit Kontakt an aufgestellten Weichböden üben; Demonstration und Einzelkorrektur durch den Lehrer
Kontakttraining: Fersenschlag im Liegen Je 4 Schülerinnen legen sich an die Ecken der beiden Längsseiten einer Weichbodenmatte auf den Rücken. Mit steigerndem Schwung sollen sie ihr der Matte zugewandtes Bein in einem ansteigenden Bogen hoch und dann mit der Ferse zuerst nach unten in die Matte schlagen.	Üben im Wechsel an Weichböden Bei der Ausführung des Fersenschlags müssen sich die Schülerinnen auf den Unterarmen abstützen. (s. S. 58)
Fallübungen – Sturz rückwärts und seitwärts – Rolle rückwärts und vorwärts	Freies Üben auf Mattenbahnen Die Fallbewegung kann durch einen leichten Stoß einer Partnerin eingeleitet werden.
Vorübungen zur Selbstverteidigung in der Bodenlage Eine Schülerin legt sich mit dem Rücken auf eine Turnmatte, ihre Partnerin setzt sich kniend auf sie drauf. Ziel ist es, durch einen Hüftstoß die Partnerin auf die zweite Matte abzuwerfen. Dazu muss sie ein Bein anwinkeln und den Fuß möglichst nahe mit der ganzen Sohle eng am Gesäß aufsetzen.	Paarweise auf je 2 Turnmatten Der Abwurf erfolgt durch einen, zur Seite gerichteten, explosiven Stoß und zwar der Hüftseite, auf der das Bein angestellt wird. Mit dem Hüftstoß dreht sich der ganze Körper in Stoßrichtung mit. (s. S. 23)
Abschluss – Lockerungsübung oder Partnermassage – Autogenes Training	Im Kreis: Mit und ohne Partner / Tennisbälle Wie in der 6. Einheit (s. S. 21)

9

Inhalt	Methodische Hinweise / Materialien
Aufwärmen (mit Musik)	Tonträger, Kassette, CD
Grundtechniken und Kombinationen – Rückwärtstritt gerade (neu) – Handkantenschlag von oben und nach unten (neu) – T'ai Ch'i: »Wecke das Ch'i« – Kniestoß vorwärts – Ellenbogenstoß abwärts (neu, s. S. 48) – Halbkreisschnapptritt – Handballenstoß – T'ai Ch'i: »Der Kranich breitet die Flügel aus« – Ellenbogenschlag aufwärts (neu) – Halbkreiskniestoß – Halbkreiskniestoß mit dem gleichen Bein	Demonstration und Bewegungsanweisung durch den Lehrer; Betonung von Hüfteinsatz, Armhaltung und Atmung; jede Technik 8-mal rechts und links ausführen (s. S. 43, 46) S. S. 19 Je 8-mal rechts und links, die letzten 3 Techniken explosiv und mit einem lauten Schrei ausführen S. S. 19 Hüft- und Armeinsatz (s. S. 48) Körperdrehung auf dem Standbein mit starkem Hüftstoß verbinden
Rollenspiele zur Selbstbehauptung und zum Selbstbewusstsein Die Schülerinnen sollen in Form kleiner Rollenspiele Situationen darstellen, die zu einer sexuellen Belästigung führen könnten. Aufgabe der »Belästigten« ist es, präventiv und rollenadäquat zu agieren, um sich dadurch der »Opferrolle« zu entziehen. (an der Bushaltestelle, im Schwimmbad, an der Telefonzelle, in der Disco, im Auto usw.	Rollenanweisung durch den Lehrer; Einsatz von Requisiten wie z. B. Stühle, Kästen und Matten Die Gruppe beobachtet die Akteurinnen. Anschließend folgt ein gemeinames Gespräch in der Gruppe und dann das revidierte Rollenspiel. (s. S. 25, 32)
Selbstverteidigungsübungen Angriff: Schwitzkasten von der Seite Abwehr: Ellenbogenstoß rückwärts (Genitalbereich) Angriff: Packen am Arm Abwehr: Power-Ohrfeige – Kniestoß Angriff: Packen an der Schulter Abwehr: Ellenbogenstoß oder -schlag	Üben mit Partner und einzeln an Weichböden Genügend Freiraum für die Schülerinnen schaffen, damit auch neben den vorgegebenen Techniken selbständig weitere Verteidigungsmöglichkeiten ausprobiert werden können. Demonstration und Einzelkorrektur durch den Lehrer
Selbstverteidigung in der Bodenlage Wie in der 8. Einheit Die Abwurfbewegung aus der Hüfte wird unterstützt, indem das »Opfer« mit der einen Hand die Haare des »Täters« ergreift und in die Richtung zieht, in der ihr Hüftstoß erfolgt. Gleichzeitig mit dem Hüftstoß und dem Zug an den Haaren erfolgt ein kraftvoller Druck mit der anderen Hand gegen die Schulter des »Täters«.	Paarweise auf je 2 Turnmatten Demonstration durch den Lehrer oder nach Anweisung durch zwei Schülerinnen Zug, Druck und Stoß müssen gleichzeitig erfolgen, um den Partner abzuwerfen. (s. S. 23)
Fallübungen und Kontakttraining – Stürze und Rollen – Einzeltechniken und Kombinationen mit und ohne Partner	Freies Üben auf Mattenbahnen Schlag- und Trittpolster, Weichböden und andere Hilfsmittel
Abschluss – Lockerungsübung oder Partnermassage – Autogenes Training: Einstellungsübung	Im Kreis: Einzeln und mit Partner / Tennisbälle Befehl: »Ich bin stark und selbstbewusst.« (s. S. 21)

10

Inhalt	Methodische Hinweise / Materialien
Aufwärmen (mit Musik)	Tonträger, Kassette, CD
Grundtechniken und Kombinationen – Doppelpressschlag – Kniestoß vorwärts – Halbkreiskniestoß – Ellenbogenstoß abwärts – T'ai Ch'i: »Wecke das Ch'i« – Ellenbogenschlag aufwärts – Schnapptritt vorwärts – Handkantenschlag von oben – Kniestoß vorwärts – T'ai Ch'i: »Der Kranich breitet die Flügel aus«	Demonstration und Bewegungsanweisung durch den Lehrer; jede Technik 8-mal langsam rechts und links aus dem Stand ausführen ohne Vorwärtsschritt; Beachtung der biomechanischen Prinzipien (s. S. 37) S. S. 19 Betonung von Hüfteinsatz, Atmung; Nach der ersten Technik erfolgt die zweite aus der Selbstverteidigungsstellung mit dem hinteren Bein. S. S. 19
Rollenspiele zur Selbstbehauptung und zum Selbstbewusstsein Teil I Wie in der 9. Einheit Die Durchführung der Rollenspiele erfolgt in 4 Phasen: 1. Information: Zuteilung der Rollen und Aufgaben 2. Rollenspiel: Durchführung und Beobachtung 3. Reflexion: Analyse in der Gruppe 4. Revidiertes Rollenspiel: Umsetzung der Erkenntnisse aus Reflexion	Zuteilung der Aufgaben und Rollen durch den Lehrer In Kleingruppen (z. B. 8er-Gruppen) aufgeteilt, spielen je 4 Schülerinnen Szenen zum Thema »Sexuelle Belästigung«. Beobachterinnen und Spielerinnen tauschen im 2. Teil ihre Rollen. (s. S. 25, 32)
Kontakttraining Gelenktes Üben der Grundtechniken und deren Kombinationen mit und ohne Partner sowie an Stationen, die in der Halle aufgebaut sind	Durchführung in Form eines Zirkel- oder Stationstrainings Matten, Weichböden, sowie Schlag- und Trittpolster Einzelkorrektur durch den Lehrer (s. S. 57)
Selbstverteidigung in der Bodenlage: Komplexübung Wie in der 9. Einheit erfolgt der Abwurf des »Täters« durch die Verbindung von Zug, Druck und Stoß. Nach erfolgreichem Abwurf auf die 2. Matte erfolgt ein Handkantenschlag auf den Kopf, dann reißt das »Opfer« sein innen liegendes Bein in einem Schwung nach oben und führt einen Fersenschlag aus (s. 8. Einheit), indem es sich auf den Unterarmen aufstützt und sein Gesäß in Richtung »Täter« dreht.	Demonstration und Bewegungsanweisung durch den Lehrer (s. S. 52) Vorsicht, Ausführung des Fersenschlages nur in Andeutung! **Verletzungsgefahr!** Den Fersenschlag mit Kontakt an Weichböden explosiv üben (s. S. 58)
Rollenspiele zur Selbstbehauptung und zum Selbstbewusstsein Teil II In der 4. Phase, dem revidierten Rollenspiel, sollen die Schülerinnen ein situationsadäquates und sozialkompetentes Interaktionsverhalten üben und festigen.	Rollenwechsel in den Gruppen; Szenenvorgaben durch den Lehrer Einsatz von Requisiten wie Stühle, Tische, Kästen und Matten (s. S. 25, 33)
Selbstverteidigungsübungen Wiederholung der Übungen aus der 7.–9. Einheit	Demonstration und Einzelkorrektur durch den Lehrer Mit und ohne Partner sowie mit und ohne Kontakt
Abschluss – Lockerungsübung oder Partnermassage – Autogenes Training: Einstellungsübung	Im Kreis: Einzeln und mit Partner / Tennisbälle Befehl: »Ich bin stark und selbstbewusst.« (s. S. 21)